向雷锋同志学习

毛泽东

雷锋精神伴我行

马宗奇◎著

中国言实出版社

图书在版编目(CIP)数据

雷锋精神伴我行 / 马宗奇著. -- 2版. -- 北京：
中国言实出版社，2023.2
ISBN 978-7-5171-4390-1

Ⅰ.①雷… Ⅱ.①马… Ⅲ.①雷锋精神—文集 Ⅳ.
①D648-53

中国国家版本馆CIP数据核字（2023）第032253号

雷锋精神伴我行

责任编辑：张　丽
责任校对：张馨睿

出版发行：中国言实出版社
　　　　　地　　址：北京市朝阳区北苑路180号加利大厦5号楼105室
　　　　　邮　　编：100101
　　　　　编辑部：北京市海淀区花园路6号院B座6层
　　　　　邮　　编：100088
　　　　　电　　话：010-64924853（总编室）　010-64924716（发行部）
　　　　　网　　址：www.zgyscbs.cn　　电子邮箱：zgyscbs@263.net

经　　销：新华书店
印　　刷：北京温林源印刷有限公司
版　　次：2023年2月第1版　　2023年2月第1次印刷
规　　格：880毫米×1230毫米　　1/32　　6.875印张
字　　数：120千字

定　　价：52.00元
书　　号：ISBN 978-7-5171-4390-1

好人雷锋

你是一个名字，一群身影
耳边响起你的叮咛
是你教会我人该怎样做
告诉我路该怎样行

你是一个希望，映在心里
梦让我们风雨兼程
你有满腔热血似水柔情
是你给我爱的心灵

你就是好人，你就是雷锋
让我相信风雨后有彩虹
你就是好人，你就是雷锋
身边有你，是爱的永恒

目录

序 做一个像雷锋那样幸福快乐的人

　　我与雷锋有许多相似之处：比如家境贫寒；比如都是人大代表，雷锋是抚顺市第四届人大代表，我是抚顺市第十四届人大代表；再比如，我的生日是3月5日，恰好是学雷锋纪念日；当时雷锋是全军典型，到处作报告，如今我也成为社会典型，到全国各地宣讲雷锋精神……我与雷锋有着太多相同的地方，最主要的是我俩有共同的信仰和思想：感恩党、感恩政府、感恩所有帮助过我们的人，全心全意为人民服务、竭尽所能回报社会，弘扬主旋律，传播正能量。

　　大家都知道，雷锋是个孤儿，家境贫寒，是党和政府把他培养成为一名军人。他当过公务员、工人、拖拉机手，又成长为一名光荣的解放军战士，他感恩党和政府培养了他，一直以来他都积极努力地把各项工作做到极致，力所能及地服务人民、回报社会，并从中获得人生的价值和幸福。

我也是出身贫寒，17岁离开了父母、离开了家乡，来到抚顺打工创业，在各级党委和政府的帮助和支持下，我成长为一名企业家、一个模范典型、一名人大代表，我也始终对党和政府以及社会各界人士对我的帮助心怀感激，所以在我取得成功以后立志要像雷锋那样，帮助别人、奉献社会，做一个助人为乐的人。

我要像雷锋那样，意志坚定做个有信仰的人。抚顺是雷锋的第二故乡，也是雷锋精神的发祥地。我有幸在这片孕育并见证了雷锋成长与进步的热土上生活、学习、创业了36年。

1985年，我从山东独自一人来到抚顺打工创业，是党的好政策让我有了创业空间和用武之地。我感谢党，让我成为改革开放的受益者。在我成长和发展的过程中，我始终以雷锋为榜样，践行雷锋精神，争做雷锋传人。

我要像雷锋那样，做一个有信仰的人。习近平总书记指出："人民有信仰，国家有力量，民族有希望。"人不能没有信仰，没有信仰就没有方向，如同行尸走肉。那什么是信仰呢？我想我们每个人对信仰的理解都不一样。老一辈无产阶级革命家，抛头颅洒热血，为了全国人民的幸福，不屈不挠地与敌人抗争，把青春和生命都献给了党、献给了人民。是什么支持他们不畏强权、敢于牺牲？是信仰！雷锋的信仰是共产主义、是为人民服务。

有些人每天拜神求佛，以为这就是信仰。常言道，无事不登三宝殿，升官求财升学求子，有事了才烧香拜佛；为了达到自己的目的，才求助于神灵。那不是信仰！信仰不是求主求神、拜神拜佛，信仰不是与神交易，信仰不是贿赂神灵。信仰是内心拥有的满足感和安全感；信仰是能认识自我，看到自己的不足，不断完善自己，修正自己；信仰是有一颗慈悲之心、同情之心、感恩之心、敬畏之心，然后再把这颗同情心、善心变成一种善行。信仰如同桥上的栏杆，时刻护佑着我们，有了信仰心中才会有安全感和幸福感；信仰如同空气，弥漫在我们周围，时时刻刻都在给予我们，让我们感到幸福。因为有了信仰，这个社会才会越变越美好；因为有了信仰，生活才会越来越幸福。

不知道是从什么时候开始，人们的信仰就变成了崇尚金钱。改革开放40多年，人们的生活水平有所提高，物质生活丰富了，但精神生活却没能及时跟上。在有些人眼里，金钱成了衡量一个人成功的标准，成了他们的信仰。一个人哪怕能力水平不强、道德水准不高，只要有钱，他们便会羡慕他、认可他；反之，这个人没有钱，即使品德高尚、为人谦卑、知识渊博、能力超群，他们也会觉得他是失败的。以金钱论英雄的价值观、人生观，使得他们盲目地拼命挣钱、争名夺利。

钱财只是帮助我们实现梦想与获得幸福，我们要学会加以利用，而不是崇尚金钱。在合情合理合法的情况下，通过自己劳动所得的财富，才会让拥有者心安理得。否则，金钱只能给我们带来一时的满足与优越感、幸福感。

为了寻找信仰，沿着习近平总书记的足迹阔步前行，2018年10月15日，我来到习近平总书记的"人生课堂"——他当年下乡、度过7年知青岁月的陕西省延安市延川县文安驿镇梁家河村，走习近平总书记当年走过的路、吃习近平总书记当年吃过的饭、见与习近平总书记当年一起生产劳动的老乡和他的好朋友、听老乡们讲关于习近平总书记的故事……亲身体会习近平总书记的知青生活。在梁家河的7天，我感受到了梁家河人民对习近平总书记的敬仰和爱戴，我对习近平总书记的人格魅力和执政理念有了更为深刻的理解、钦佩和崇敬，我的心灵得到了净化与升华，并汲取了精神的力量，更坚定了紧跟习近平总书记的足迹阔步前行的决心和信念。我要做一个像雷锋一样意志坚定、有信仰的人。

像雷锋那样，做一个不忘初心有担当的人。从上至下开展的"不忘初心、牢记使命"主题教育让许多人不禁扪心自问：究竟初心是什么？使命是什么？改革开放40多年来，随着人们物质生活水平的不断提高，越来越多的人心浮气躁，相互攀比、爱慕虚荣，欲望泛滥、急功近利，忘记了初心和使命，因此，党中央开展的"不忘初心、牢记使命"主题教育让人们重拾了信心、找回了信仰。作为一个民营企业家、一个人大代表、一个先进典型，我理解的"初心"和"使命"，就是"坚持信仰、守住底线"的初心。以雷锋为榜样，牢记自己的责任，在服务人民、无私奉献、帮助和影响他人、推动社会和谐与发展中体现自我价值、发挥自身作用，从而带来内心的愉悦和满足。

每一个时代都需要榜样的力量。雷锋，这个光辉的名字及其承载的无数动人故事和高尚品格，历经几十年风雨沧桑，始终焕发着光彩，为人们所称颂、为人们所敬仰。一个只有22岁短暂生命的共产党员，能够赢得亿万人民如此崇高和长久的敬意；一个普通的战士所表现的高贵品质，能够激励几代人的健康成长；一个群众性的活动，能够在几十年历史进程中延续不断，影响我们时代的社会风尚。雷锋以平凡的人生实践，回答了人为什么活着、为谁活着、怎样活着才更有意义等每个时代的人都无法回避的心灵课题，从而为世人矗立起人生价值的最佳坐标，展示出社会主义核心价值体系鲜活的精神力量和人格魅力。

像雷锋那样，率先垂范做个有影响力的人。党的十八大以来，习近平总书记在许多场合谈到雷锋、谈到雷锋精神，并向全党、全国发出新时代传承弘扬雷锋精神的号召，让我们更加坚定了学雷锋的信心，为弘扬和传播雷锋精神指明了方向。

那么，我们学习雷锋到底要学习他什么呢？我们要开展学雷锋活动，大力弘扬雷锋热爱党、热爱祖国、热爱社会主义的崇高理想和坚定信念，弘扬雷锋服务人民、助人为乐的奉献精神，弘扬雷锋干一行爱一行、专一行精一行的敬业精神，弘扬雷锋锐意进取、自强不息的创新精神，弘扬雷锋艰苦奋斗、勤俭节约的创业精神。这不仅赋予了雷锋精神以新的时代内涵，而且表明了雷锋精神的时代特征。现在不少人很浮躁，什么事都着急，不能干一行爱一行，希望早点发财、早点升迁，希望走捷径、急功近利。这些年，我在学雷锋的过程中感受和收获到许多平凡而简单的快乐和幸福，通过我的实际行动，也影响、改变了许多人的生活，更吸引了许多人加入学雷锋、做雷锋，弘扬雷锋精神的队伍中来。

多年来，我坚持以雷锋为榜样，以宣传雷锋精神为己任，热衷于公益事业，捐资助学、扶贫济弱，并在公司创建雷锋大讲堂和微爱奇迹志愿者协会，担任抚顺雷锋精神宣讲团团长，曾经带领学雷锋团队开展"雷锋精神万里行"活动，走遍全国弘扬雷锋精神。身体力行地践行雷锋精神、做传播雷锋精神的种子，让更多人加入弘扬并传承雷锋精神的队伍中来。

像雷锋那样，勇往直前做个积极乐观的人。雷锋是一个积极进取、乐观向上的人，对未来充满了希望，他在辽阳弓长岭当工人的时候，买了皮夹克、皮鞋、手表和皮箱，还经常照相，这些充分说明了他对美好生活的向往和积极乐观的人生态度。

作为雷锋精神传人、学雷锋典型、生活在雷锋第二故乡的人，我认为学雷锋、做好事，要从身边人做起、从小事做起，"勿以善小而不为"，积小善成大爱；在扶贫帮困的时候，保护受助者的尊严，既助人又不使其受到伤害；要像雷锋那样，爱人更要自爱，洁身自好、率先垂范；要像雷锋一样助人为乐、无私奉献；要像雷锋一样，有信仰、有精神、有追求，才能抵制诱惑和糖衣炮弹。

我曾十多年如一日，帮助盲人夫妇摆脱贫困；曾出资28600元，帮助4户困难居民解决因交不起扩大面积房屋款而无法搬入新居的难题；多次奔赴鞍山，与当地派出所合力成功解救了误入鞍山市一非法传销组织的抚顺女子；出资为社区买遮阳伞，解决老人阴天怕雨、晴天怕晒的问题；帮助农民工讨薪、帮外地人打官司、先后资助贫困学生38人，为弱势群体及灾区捐款捐物累计几百万元；2008年"5·12"汶川大地震，我远赴千里之外的汶川，投入到抗震救灾之中。从汶川回来后，我有很多人生感悟，对生死、对人活着的意义有了更加充分的认知——好好活着，珍爱生命。

像雷锋那样，勇于担当做个有责任的人。虽然我的社会角色是一名企业家，但我认为企业家要有家国情怀，要有责任担当。企业家的成功不是赚了多少钱，而是影响了多少人、改变了多少人的命运、为社会做出了多大贡献。企业家要有政治意识、大局意识，要有大格局，不能只关注自己的一亩三分地，而是要不忘初心、为人民服务、为社会贡献一分力量。

"诚信、利人、良知、善举"，是我办企业的宗旨，也是我人生的座右铭，这中间蕴含的深意与雷锋精神是一致的。秉承这样的理念，做良心食品、做爱心企业，脚踏实地，一步一个脚印，稳步发展，让利于他人，服务于社会。

我始终认为要低调做人、认真做事；不能为富不仁，不能违法违规，不能唯利是图。而要像雷锋那样，做一个服务人民、奉献社会的人。

像雷锋那样，认真履职做为民代言的人大代表。雷锋是抚顺市第四届人大代表，我当选抚顺市第十四届人大代表，我们虽然相差十届，但我却时刻牢记要像雷锋一样做一名为民代言的好代表。

当了近20年的人大代表，如何才能不忘初心、履职代言呢？2017年3月7日，习近平总书记在参加十二届全国人大五次会议辽宁代表团审议时说过的一席话，让我倍感身上的责任与使命重大而光荣。我在公司设立了人大代表联络站及代表之家，倾听百姓心声，充分发挥了党和政府与百姓的桥梁作用。

人大代表是公共职务、国家职务，是代表人民行使国家权力的，所以要认真履行人民赋予的权力。虽然我是个企业家，但我更珍惜人大代表这个职务。在不影响企业正常发展的情况下，我把大量时间和精力用在了人大代表履职、为百姓办事和公益宣讲活动上。别人都说我是专职代表。我觉得，人大代表不但要为百姓说话为百姓办事，更要做新时代雷锋精神的引领者和传播者，努力做到习近平总书记要求的那样"民有所呼、我有所应"。

为了方便与人民群众保持密切联系，我曾经在担任市人大代表期间筹建了社区人大代表联络站，公布了手机号码，随时听取群众的意见和呼声。我还向社区选民发放了人大代表联系卡，上面有我的联系方式。凡是打电话向我求助的，我都尽全力帮助解决问题。这张名片成为当地百姓的主心骨，群众有什么大事小情都会打电话给我。电话公开后，我的电话基本上没闲过。无论多忙，我都放下手中的工作去帮助解决。"有事您别急，请找代表马宗奇"，这句顺口溜在坊间广为流传。这些年来，这个电话从未间断过接听百姓呼声。我有一个本子，记录着每个人反映的问题、电话及姓名、最终解决的情况，每一件都有回音，大部分都标有满意字样，一年下来有上百件之多。

　　只要是老百姓反映的事，无论大小，对于我来说都是大事。有段时间，抚顺城乡接合部有人土葬、不火化的现象经常发生，附近居民孩子上学途经此地害怕不敢走。有居民打电话向我反映，我得知后马上联系民政局殡葬处，使问题得到了解决。我还帮助居民解决半夜狗叫扰民的问题、为被不法分子欺压的市场卖鱼夫妇主持公道等。"人大代表要珍惜百姓的信任，让人民的意愿反映上去，不辜负家乡父老的重托。"这是我的心声，也是我的行动指南。

履职期间，我在市人代会上提交了老百姓最关心的热点问题 50 多个，大部分得到了有效解决。为了解决百姓出行难的问题，我连续 4 年向市人代会提交《取缔抚顺东岗道桥收费站的建议》。最终，经抚顺市委、市政府研究决定，这一收费站被取消，方便了百姓出行，市民拍手称快。我多次被评为抚顺市的优秀人大代表。当选辽宁省人大代表后，我也提出了很多关系社稷民生、有助于时代发展的建议，如沈阳有轨电车线路东延、沈阳地铁东延等建议，都得到了及时的回应和解决。

一个时代不能没有自己的道德坐标和精神依托。在我们这样一个大发展、大变革的时代，依然需要雷锋精神，依然需要学习爱国敬业、忠诚担当、服务人民、创新奉献的高尚品格，要让学雷锋、做公益成为家风，世世代代地传承下去。让我们携起手来，不忘初心、牢记使命，做雷锋精神的种子，把雷锋精神播撒在祖国大地上，让雷锋精神永放光芒！

雷锋情缘

话题1：

抚顺是我的第二故乡

　　大家都知道，抚顺是雷锋的第二故乡，其实抚顺也是我的第二故乡。雷锋出生在湖南长沙雷锋镇简家塘一户贫苦农民家里，而我出生在山东省陵县梅镇乡刘福寨村一个贫困的回族家庭。雷锋在抚顺当兵、在抚顺工作、在抚顺生活，抚顺留下了雷锋的足迹，雷锋精神的种子在抚顺生根发芽，抚顺成为雷锋精神的发源地，是全国学雷锋活动的策源地。而我也是一个农民家的孩子，1985年背井离乡，从山东老家独自来到抚顺，在这块孕育并见证了雷锋成长与进步的热土上生活、学习、创业。抚顺也成了我的第二故乡，我在抚顺成长、创业，重要的是，我在抚顺"认识"了雷锋、走近了雷锋，并且重新审视雷锋，思考我们为什么学雷锋、学雷锋有什么好处、雷锋对我们有什么影响、雷锋精神的价值究竟是什么……一连串的思索，让我对人生有了全新的认识和定位。

雷锋对抚顺感情深厚，将抚顺视为第二故乡，只要有空余时间就去瓢儿屯火车站做好事，帮助有困难的人。他还先后担任过抚顺市建设街小学和本溪路小学少先队组织的校外辅导员，利用休息时间到学校去和教师、辅导员、队员们谈心，给孩子们讲故事。我在抚顺安家落户、娶妻生子、安居乐业，将根深植抚顺，并将父母兄弟接到抚顺工作生活。在第二故乡的这36年里，我对雷锋越来越了解、越来越钦佩，我立志要做雷锋那样的人，做一个对社会有贡献、对人民有影响的人。

自2011年起，我先后被望花区雷锋小学、抚顺市雷锋中学、辽宁省石油化工大学等全省多所院校聘请为学雷锋活动校外辅导员、客座教授，被中共辽宁省委宣传部、辽宁省文明办、中共辽宁省委高校工委、辽宁省教育厅、辽宁省总工会、共青团辽宁省委、辽宁省妇联等单位联合聘请为辽宁省"万名模范进校园"活动中小学校名誉"德育副校长",通过讲述我的经历、学雷锋心得体会,充分发挥先进模范的作用,去影响年青一代了解雷锋、树立学雷锋做雷锋的远大理想。

雷锋最让我感动的是他那颗感恩之心。雷锋是出生在旧社会的苦孩子,是共产党和政府把他培养成共产主义战士。他在日记中满怀深情地写着这样的话:"我,一个孤苦的穷孩子,今天成长为一个解放军战士、光荣的共产党员……这一切是我做梦也想不到的。可以肯定地说,没有共产党,就没有我。"

对此,我非常认同,人必须要有一颗感恩的心。我之所以对雷锋、雷锋精神非常认同,就是因为我们的经历、我们的思想都是一样的。回顾这些年的奋斗历程,我懂得了知足、感恩、奉献。知足在于能够从贫穷的农村来到城市,拼搏出自己的事业;感恩在于创业、奋斗的过程中,得到了许许多多热心人的帮助,正是有了这些帮助,我才取得了今天的成就。我感恩党的好政策,让我白手起家、自主创业,成为一个企业家。正因为我们都没有忘记党恩,所以我们才会竭尽全力地回报社会，为这个社会增加一点温度。

"爱从身边做起。"我们要像雷锋那样从身边点滴做起，帮助身边的人，帮助他们解决困难。同时，我认为，每个人都要学会感恩，感恩别人的帮助，甚至感恩大自然的给予。其实，不是任何人都需要帮助，我们没必要做毫无原则的烂好人。因为，这个世界上没有无缘无故的爱，也没有无缘无故、应该应分的帮助与给予。只知道索取之人的可恶之处正是他们不懂感恩，一味地索取只会让他们更加穷苦。

人性最大的恶，是不懂感恩。有些人总将别人对自己的好、对自己的付出视作理所当然，如父母就应该对自己任劳任怨、同事就应该竭尽全力帮自己、朋友就应该对自己倾尽所有。但事实上，这个世界没有什么是理所当然、应该应分的。我们应该记得别人的好，然后加倍偿还，而不是一味索取。"把别人对自己的好刻在石头上、把别人对自己的恶写在沙滩上"，懂得感恩、懂得释怀，这样的人际关系才会和谐融洽，这样的感情才能在岁月的洗礼下越沉淀越浓厚。

总是打着朋友的旗号来占你便宜的人，不是真正的朋友；酒桌上你好我好的也只是酒肉之交；你有权有势才巴结你的功利朋友，更是唯利是图的"伪"朋友。无论是友情、亲情还是爱情，都要懂得感恩、彼此体谅。

话题 2：

我们同为人大代表

我和雷锋还有一个共同的身份：人大代表。

雷锋是辽宁抚顺市第四届人大代表，1961 年 7 月 31 日，雷锋出席了抚顺市第四届人民代表大会第一次会议。这一天，他在日记本上写道："今天是我永远不能忘记的日子，我光荣地参加了抚顺市第四届人民代表大会第一次会议。我要全心全意为人民服务，永生为伟大的共产主义事业而奋斗。"

人生就是这样充满着巧合。在经历了 10 届人代会之后，2007 年，我光荣地成为抚顺市第十四届人大代表。秉承雷锋"全心全意为人民服务"的信念，我立志做一个为百姓代言、为民企发声的好代表。为更好地联系群众，我在辖区内筹建了社区人大代表联络站，随时和群众保持面对面的对话。尤其是在2011年12月20日，抚顺市第十四届人民代表大会第五次会议召开前的那段时间里，为了更好地听取百姓的心声，抚顺市人大常委会公布了10名代表联系电话，我和其他9名市人大代表向社会公开了电话号码，为广大市民参政议政、建言献策提供了快捷通道。电话号码公开以后，我的电话每天都闲不着。老百姓反映的问题和他们觉得很难的事情，我能解决的都尽力去解决。由于老百姓把这个电话号码视作"救命稻草"，这个号码我坚持用了4年多。

人大代表电话号码的公开，不仅改变了我了解社情民意的方式，也使我感到身上责任的重大，使我撰写的人大代表议案、建议或意见更具代表性、更加贴近民生。

话题3：

特殊的日子

　　3月5日，对于中国人来说并不陌生，尤其是生在新中国、长在红旗下的这一代人。3月5日，对于我来说，是将我和雷锋联系在一起的特殊日子。

　　1963年3月5日，毛泽东主席在《人民日报》发表题词"向雷锋同志学习"，此后全国广泛开展学习雷锋的活动。于是每年的3月5日被定为学雷锋纪念日。1969年3月5日，我来到这个世界，这在别人眼中或许只是巧合，但却让我感觉自己与雷锋非常有缘、非常相似，仿佛是在暗示我"向雷锋学习"是我与生俱来的追求，是嵌入我生命的DNA。

小时候，家里兄弟众多、生活穷困，吃不饱、穿不暖，仅靠有限的田地无法满足全家人的生活需要。我那时候就经常想走出这个贫困的小村庄，到外面的世界去看看。尽管生活窘迫，但我仍从小立志：要走出这个穷山村，闯出一番新天地！那是我最初对幸福生活的向往，也是我心中幸福应有的样子。1985 年，我独自一人从老家出来，投奔辽宁抚顺的一个亲戚。我坐着牛车到梅镇的公交车站，然后再到德州火车站，奔向新生活。那时正是数九隆冬，我脚上连双像样的棉鞋都没有。临上车前，父亲将自己脚上的棉乌拉脱了下来，换在了我的脚上。就是穿着这双存留着父亲体温的棉乌拉，我走上了异乡创业之路。我背井离乡，独自一人从农村来到城市打工创业……终于我走出了穷山村，实现了人生的第一个梦想。随着对雷锋的逐渐深入了解，我又立志以雷锋为榜样、做雷锋那样平凡而又伟大的人。

　　尽管生活穷苦，但我从来没有退缩。因为雷锋，他是一个孤儿，在他的贫苦面前，我的穷困根本算不得什么。同时，他也让我看到了希望：只要通过自己的努力和奋斗，吃得苦中苦，那幸福还会远吗？就像是熬过了冬天的寒冷，春天还会不来吗？

经过 30 多年的努力打拼、经历了许多风雨和曲折，我从弱到强、自力更生、白手起家，终于成长为一名有能力、有担当，可以尽己所能回报社会、关爱他人的追梦人。

话题 4：

真实的雷锋

读《雷锋日记》，了解雷锋事迹、走进雷锋的精神世界，我为雷锋平凡而伟大的一生所感动、敬佩，更对雷锋真实地做自己感到赞赏和自豪。

在人们的印象中，雷锋总是在补袜子，雷锋节俭的生活大家有目共睹且深入人心，可雷锋也有追求美好生活的向往。尽管他身体力行倡导节约，但正值青春年少的他也曾穿上皮夹克、戴起手表、脚穿锃亮的皮鞋，我觉得这才是真正的人、真实的英雄，而不是高高在上的神。尽管过去了50多年，雷锋对于青春的理解仍然值得我们当下年轻人参考和借鉴："青春啊！

永远是美好的，可是真正的青春，只属于这些永远力争上游的人，永远忘我劳动的人，永远谦虚的人。"就像习近平总书记说的那样：幸福是奋斗出来的。

雷锋在我心中一直都不是神，但却一点都不影响我对他的敬重和爱戴。我认为，平易近人如邻家哥哥、敢于追求真善美的雷锋更真实更让人亲近。就像身边的人，离我们并不遥远，更不陌生。由雷锋我联想到时下人们对金钱的崇拜和迷失，真实的雷锋也使我形成了自己的金钱观：君子爱财，取之有道；不贪婪、守分寸、懂取舍。真正的君子不是视金钱如粪土、不谋财、不求财，而是取之有道，正视钱财的作用和力量。在当今社会，不能一味地否定金钱的重要性、鄙视金钱，这会让人觉得虚伪、不真实。通过劳动获得金钱，当仁不让、理所应当。在获取钱财的时候要有自己的操守与底线，要知道良知比钱财更重要。

物质具有极大的力量，从现实意义上讲，金钱能够帮助我们实现梦想，获得幸福、自由和爱……但金钱不是彼岸，不是人生终极目标，金钱只是帮助我们实现目标和幸福的工具。不能否定金钱的力量，在现实中没有人能够离开金钱，金钱能换来物质，能帮助我们解决很多现实问题：金钱可以解决孩子上不起学的问题；金钱能够让无法满足温饱的人不再处于贫困线上；金钱能帮助患者摆脱病痛折磨；等等。金钱具有无形的力量，我们要理解金钱的力量，更学会正确地看待金钱，尊重金钱的力量并正确使用金钱、敬畏金钱，合理地支配控制这股力量。金钱虽然具有无上的力量，但它带给我们的满足感、优越感、幸福感等都是暂时的，而不能持久。要想得到持久永恒的力量、幸福，还是要靠我们的信仰。

话题 5：

我的雷锋情结

　　虽然我出生在贫困家庭，但我的父母从小就教育我要善良，要做一个好人。长大之后我独自创业，经历了许多大是大非，我对善良、怎样做个好人有了更为深刻的认识和理解。特别是来到抚顺、走近雷锋之后，越了解雷锋，我越对他无比敬仰，无比钦佩他将平凡的小事做得不平凡。

　　常言道："一个人做一件好事并不难，难的是一辈子做好事，不做坏事。"我从小就佩服能够为受困者提供帮助的好人，而且我也想做那样的人。雷锋，就是那样的人，他是我的理想我的榜样，是我心目中的英雄。他所做的事情都不是什么惊天动地、轰轰烈烈的丰功伟业，他就是尽自己所能去帮助那些恰好遇见又急需帮助的人。但他做这样的事多了、时间久了，就是常人所不及的伟大之处。

谁说平凡就没有出息？能够把每一件平凡的事做好，把每一个平凡的日子过好，没有什么大起大落、大灾大难，平稳地走过这一生，就是最大的不平凡。可是，谁能一生之中万事顺意，没有波折、不会遭遇意外？其实，平凡从来不是平庸；接纳平凡，也不是妥协与放弃。一生平凡也不可怕，可怕的是你要一生与平凡为敌。

受雷锋的影响，我刚到抚顺的时候，虽然自己还不够强大，但我也会尽我所能地去帮助有困难的人，从帮助身边的人做起，哪怕是一个微笑、一句鼓励的话语、一碗热气腾腾的面条……当我看到受助者得到安慰、感受到温暖的时候，我的内心是无比快乐。

其实，学雷锋并不难，关键是你肯不肯学。力所能及、举手之劳的事情，只要能够给人帮助、让人温暖，就是在学雷锋。而且学雷锋，会让我们内心安宁而又满足，那是自我价值实现带来的快感。

从知雷锋到学雷锋，再由学雷锋到做雷锋……我一路走来，雷锋在影响和改变着我的生活，我也在影响和改变着周围人，这个过程让我感到欣喜而又快乐。我想，这就是雷锋精神深入人心的所在吧。

雷锋是我们的好榜样

话题 1：

以雷锋为榜样

　　一个家庭、一个社会、一个国家，都需要榜样，榜样的力量是无穷的。作为雷锋精神的传人、多年的学雷锋典型、生活在雷锋第二故乡的人，我始终认为：学雷锋、做好事，要从身边人做起、从小事做起，"勿以善小而不为"，积小善成大爱。而且我还坚持一个观点：在扶贫帮困的时候，保护受助者的尊严，既助人又不使其受到伤害。

　　我曾资助过一个贫困学生，我还清楚地记得，当时学校领导将他叫到讲台接受资助时他那尴尬、窘迫的样子。为了号召更多爱心人士投入到捐资助学的行列中来，学校还请来了报社、电视台等媒体记者。当这些记者举着相机、摄像机，镜头聚焦到孩子的脸上时，我看到了孩子脸上无奈又痛苦的表情，感受到孩子的自尊心受到了伤害。

这件事，让我深感愧疚，同时又得到启发。资助他完成学业、摆脱困境，本是我的一片好心和善意，却没有想到这片好心和善意在付诸行动的过程中伤害了他的自尊心。自此之后，无论是到学校还是走进社区、家庭，我再资助贫困孩子时都会选择通过间接或幕后的方式去给予，不再让孩子产生自卑感而伤自尊心。

其实，不仅是孩子，还有很多弱势群体，像残疾人、低保户。虽然他们贫困潦倒，需要我们物质和精神上的帮扶，但能够给他们提供帮助的我们，不能以高高在上的身份去施舍、去赐予。受助者也有尊严，而且每个人生而平等，虽然他们存在这样或那样的不足和缺陷，但这不是他们的错，他们不应该遭受歧视和不公平的对待。

都说孩子是祖国的未来，我对孩子总有一份无法用语言来描绘的爱，尤其是生活在单亲家庭的孩子，始终让我牵挂。

2020 年，我在《辽沈晚报》上看到"铁岭无臂爸爸王刚独自带娃"的故事后，为了帮助他实现养牛的梦想，改善生活满足孩子的生活需求，我在"六一"儿童节这天，专程赶到铁岭，为他送去两头母牛。我还告诉他，通过网络足不出户就可以卖货，帮助他摆脱贫困。后来，无臂爸爸终于过上了"牛"日子。授人以鱼不如授人以渔，我可以资助他生活费，但那不是长久之计，我想帮王刚通过自己的努力实现自身的价值，把日子过得越来越好。我帮助过许多像王刚这样的弱势群体走出困境、重拾希望。我总觉得，一个人可以贫困、可以缺吃少穿，但不能没有希望。我帮他们不仅仅是在物质上，在精神上也让他们重燃希望。所以，我愿做那个送给他们希望和种子的人，让他们对未来充满乐观、向上的信念，生活才会有奔头。

全国民族团结感动中国人物候选人、中国好人榜"身边好人"候选人、"辽宁好人"荣誉称号……这么多年，每当我回望获得的这些荣誉，我没有沾沾自喜，而是感到欣慰。这些荣誉的获得，不仅是对我多年来始终以雷锋为榜样、坚定不移践行雷锋精神的肯定，而且还赐予我更多力量，更加坚定了我心无旁骛地走下去的决心。

话题 2：

乐善好施敢为先

事业的成功，让我懂得了感恩。热衷于公益事业，对于我来说，不仅是作为一名企业家的责任，也是企业家应尽的义务。

虽然我的能力并不大，但我愿意用自己的力量去帮助身边需要帮助的人。无论是公司内部员工，还是社会上陷入困境的人，只要我能做得到，我都会全力以赴，帮助他们解决困难、渡过难关。

因为懂得感恩、因为我自己经历了那么多苦楚，所以我最见不得人难过、痛苦，也总想着"能帮一把是一把"。得到过别人的帮助的我迫切地想要把这份善心与善意传递下去，在平时的工作和生活中，我总是留意身边的人，尤其是公司里的员工。有一次，我无意中看到公司员工李民无精打采、心事重重。据我对他的了解，这样的状态特别反常。于是我就找李民谈心，这才得知他的妻子身患重病急需医疗费。对于原本是下岗工人的李民来说，这笔医疗费无疑是天文数字。为了帮他解决困难、免去后顾之忧，我当即拿钱借给李民，还给他准了假，让他安心到医院照顾妻子。随后，我号召公司员工为李民捐款奉献爱心，这不仅让李民感受到社会大家庭的温暖、万分感动，而且还让企业的凝聚力、员工对企业的归属感不断增强。在公司全体员工的帮助下，李民妻子的病得到了治疗，很快恢复了正常的生活。

和大家分享我的故事，不是我想要炫耀什么，我只是想让大家感受到，只要我们献出一点爱，可能只是我们的举手之劳，就能帮助身陷困境的人渡过难关，而他们发自内心的感激，则是对我们最高的褒奖。

我热衷于公益事业，对于企业的员工和周围的人来说已经不是什么"秘密"。因为我总想用我的言行去传播雷锋精神，进而影响身边的人也投身公益事业，都能成为像雷锋那样的人。

辽宁省青年创业典型、辽宁省再就业明星、抚顺市劳动模范、抚顺市青年创业带头人、抚顺市十大杰出青年企业家……这些荣誉称号见证了我的努力和奋斗。在我脱贫致富、自主创业的时候，我没有忘记那些需要工作、挣扎在贫困线上的人。从公司成立之初，我就优先聘用那些身残志坚、家庭贫困的失业者、下岗人员。至今，我的公司已安置很多下岗职工再就业，而且为了让刑满释放人员重新回归社会、自立自强走正道，我曾为多名刑满释放人员提供工作岗位。多年来，我捐款捐物不计其数，我帮助过的人有多少我自己都记不清楚。辽宁省宗教慈善活动先进个人、辽宁省十大和谐荣誉称号，既是对我的肯定，更是对我的鼓励。

话题 3：

帮助别人快乐自己

　　我一直坚持着这样一个理念，那就是：帮助别人也是在帮助自己、提升自己、快乐自己。因此，我积极参与公益事业，奉献我的爱心，资助困难群体。在他们得到帮助的同时，我也获得了内心的富足和丰盈。

　　在我 30 多年的创业奋斗史中，我始终关注弱势群体，始终把改善他们的生活状况作为己任。2002 年的一次社区座谈会上，我偶然得知社区一居民夫妇都是盲人，且没有经济来源，只靠低保金生活，孩子正在上小学，生活相当窘迫。我听说后，主动来到他们家，看到他们家家徒四壁，房屋年久失修，墙壁很多地方都已经破败不堪，取暖设备简陋，屋里阴冷潮湿……我当时看在眼里、痛在心上。为了改善他们的居住条件，我雇人给他们重新粉刷了墙壁，添置了一些家具和取暖设备，让这个原本阴冷潮湿的家变得温暖舒适。从那天起，我经常利用闲暇时间去看望这对盲人夫妇，与他们谈心、谈生活、谈未来，经常给他们送去米、面、油等生活必需品，帮助他们重树信心、相信美好的生活离他们并不遥远。我还时常给孩子添置学习用品，鼓励孩子好好学习，通过知识改变命运；引导孩子健康成长、自立自强，将来成为国家的栋梁。这一帮就是 19 年，在我的鼓励下，如今孩子已经参军正在新疆服兵役。我总觉得，虽然他们是盲人，一生见不到阳光，但是我们要用爱温暖他们，让他们感受到爱的阳光，感受到真情的温暖。

除了帮助这个残疾家庭维持生计 19 年，我还帮扶许多弱势群体，解决了他们的温饱问题，让他们过上了正常的生活。2006 年，辽宁省抚顺市华山棚户区拆迁改造，棚户区陈凤等 4 户困难居民因交不起房屋扩大面积款而无法搬入新居，在一定程度上也影响了华山工业园区建设的进程。当时正值冬天，大雪纷飞，人去屋空的棚户区已经停水停电，陈凤等人无法正常生活，只能蜗居于此无处可去。我的企业当时就在棚户区附近，每天出入途经陈凤那即将拆迁的家，看到她的孩子围坐在小火炉旁，已经冻伤的小手握着铅笔写作业，冻得瑟瑟发抖。陈凤则用炉子炖着白菜，准备着简单的晚饭。看到陈凤一家的窘境，我心生怜惜、心急如焚，心中想道：决不能眼睁睁地看着这几户居民在这寒冬腊月里受苦挨冻。"政府的工作不能耽误，百姓的难处也不能不管。"就是坚持这样的想法，我主动找到动迁办及街道的领导，表明我的态度："钱由我来出，先让他们上楼吧，别为这点钱让政府难堪，让百姓挨冻。"我为这 4 户居民一次性支付了 28600 元，并安排车辆帮助这 4 户居民在春节前搬进了新居。至今我还记得，陈凤等人拉住我的手说："我们做梦也没有想到，春节之前能够搬进新家，你真是活雷锋呀！更是我们的亲人。"他们因迁入新居、摆脱困境心情激动，大家都可以理解。其实，我比他们更激动。因为有钱也买不来人心，他们对我的信赖让我激动，帮助他们带给我的快乐更是无法用语言形容。

帮助农民工讨薪、帮外地人打官司、为弱势群体及灾区捐款捐物、资助 10 多户贫困家庭走上脱贫致富道路……这样的事情，这些年我没少干。在温暖他们的同时，我也心生温暖。其实，人生本该就是这个样子。

话题4:

捐资助学改变贫困家庭孩子的命运

我没有读过多少年的书,但我深知知识的重要性,坚信知识可以改变命运,因此我一直没有放弃读书、学习,在知识改变我的同时,我也时刻关注着那些贫困孩子,不让他们辍学、掉队,不给他们放弃学习的机会。

在我初来乍到在抚顺经营小饭店期间,小饭店周围有一群无家可归的孩子来捡剩饭剩菜吃。那时我刚刚20多岁,还没有成家,但我却能体会到这些遭受家庭变故的孩子们是多么渴望家庭的温暖。于是,我自发地当起了他们的"大家长"。每当饭店员工吃饭的时候，我就把孩子们喊进来，和我们一起吃香喷喷、热乎乎的饭菜。时间久了，孩子们亲切地叫我"干爹"，我也因为成为他们的依靠而感到欣慰。解决了孩子们饿肚子的问题，我却没有预想的快乐，而是增添了新的烦恼。我觉得孩子们光吃饱饭还不行，还需要有人引导他们学好向善、自强自立，得学点谋生的本事。于是，我开始找这些孩子们聊天、谈心，劝说辍学的孩子回去上学，并表示，只要他们想读书爱读书，我就会供他们完成学业。对于稍大一些快要成年却实在无心向学的孩子，我便与在附近招揽生意的出租车司机商量，让大孩子给他们洗车，让他们通过自己的劳动养活自己。尽管洗车每次只能挣几元钱，但却让孩子们从中找到了自信，学会了谋生的技能，更重要的是懂得了做人的道理。

现在这些孩子都已经长大了，他们没有忘记我这个"干爹"对他们的帮助和教诲。试想：还有什么能够比引领这帮孩子走向正道、自立自强更值得高兴的事情呢？

爱是人类最美好的语言，如果每个人都能付出一点爱，这个社会就会多些温暖。尤其是还未成年的孩子，让他们从小感受到来自社会的善意与温暖，在爱的包围中长大，这样成长起来的孩子才能学会爱、传递爱。同时，也让他们感觉到这个世界的美好，在遇到困难和挫折的时候，有战胜困难的勇气和信心。2013年9月，一位老师告诉我，学校有部分品学兼优的贫困生需要帮助。我二话不说，当即为这38名贫困学生提供了助学金，并鼓励他们要学有所成，为社会和国家贡献力量。我每年都会到贫困学校慰问，买来书籍、书包、笔记本等学习用品，当作礼物送给孩子们。2013年辽宁抚顺发生"8·16"特大洪灾后，我除了第一时间赶到清原满族自治县受灾严重的乡镇给予帮扶救助之外，我还惦记着那些受灾地区的孩子们。为了让他们不受灾情影响、安心返回校园学习，9月3日，我和学雷锋志愿者一起来到受灾学校，为受到洪灾影响的学生捐赠书包，鼓励他们不抛弃、不放弃，即使条件恶劣、环境艰苦，也要学好文化知识。这些举动让孩子们深切地感受到社会的关爱，树立起勇于战胜困难的信心，觉得我和他们手牵手、心连心，始终在一起共渡难关。

2017年，我到辽宁石油化工大学进行雷锋精神宣讲时，听说该校石油化工专业有一名新疆籍维吾尔族女学生学习很好，家庭却非常贫困。我当即表态可以资助她完成学业。因为是女孩子，我除了经济上给予她帮助之外，我还经常让我的妻子买些日用品或水果等食品去看望她，与其谈心，了解她的思想动态，告诉她不要自卑，要自尊自爱、自立自强。在我们夫妇的帮助下，她顺利地完成了学业，并且还在葫芦岛找到了一份满意的工作。这些年来，她经常给我们打电话问候，节假日也会来抚顺探望我们。用她的话说："我在这边没有亲人，你们就像亲人一样关心我、帮助我，你们的存在让我不再感到孤苦无依。"

话题 5：

民族团结一家亲

　　作为少数民族，我深知"民族事务无小事"的道理和民族团结的重要性。所以，我坚持发挥自身优势，团结各少数民族人民，解决民族纷争，积极为少数民族群众争取合法权益，悉心维护民族团结。

　　在担任市人大代表期间，我了解到一些困扰着回族同胞的生活问题。尊重少数民族的丧葬习俗是党的民族政策，做好回族墓地建设直接关系到尊重少数民族风俗习惯，关系到民族团结和社会稳定。2012年，针对辽宁抚顺市回民墓地严重不足的问题，我提出了《关于审批规划回族同胞墓地的建议》，得到了政府的重视和解决。2015 年 1 月，我根据近年来抚顺市清真肉食品市场价格逐年上涨，给有清真饮食习惯的少数民族群众的生活带来很大影响的问题，在人代会上提交了《关于落实对少数民族群众肉食价格补贴的建议》。建议得到了市政府高度重视，自当年 4 月开始，政府对全市具有清真饮食习惯的市民做了统计，市财政局进行核算拨款。9 月，符合条件的市民就领到了补贴款。

我们生活在同一个地球，我们都是命运的共同体，我们的国家乃至世界都是一个大家庭，生活在这个大家庭里的每个成员，每个少数民族都应该团结互助、和谐共生，这样才会永享太平。我曾多次到民族地区宣讲民族团结知识，让少数民族同胞了解党的民族团结方针和政策。在民族地区了解当地的真实情况后，我以自己的切身经历和事例为切入点，拉近了与当地少数民族群众的距离，我积极宣讲民族政策，得到了当地少数民族群众的认可，收到了良好的效果。

每年我定期拿出部分资金帮助困难的少数民族聚居社区解决实际问题；当本企业满族员工的妻子身患重病急需住院手术费时，我及时伸出援手；我的企业是生产清真食品的，在我的企业中，来自朝鲜族、回族、满族、汉族等各民族的员工在一起其乐融融、和睦相处……作为全国民族团结进步模范先进个人，我更应该承担起维护民族团结的责任，从细节做起，从现在做起，深入学习贯彻习近平总书记关于民族团结的重要论述，铸牢中华民族共同体意识，立足本职做好民族团结工作，加强各民族交往交流，促进各民族像石榴籽一样紧紧抱在一起。我的企业中各个民族的员工，生活习惯、民族风俗、民族语言等方面都存在着差异。为了在本企业中实现民族大团结、避免出现民族矛盾，我在公司设立了民族团结大讲堂、雷锋大讲堂，立足企业和雷锋精神的发祥地、全国学雷锋活动的策源地——抚顺，结合雷锋精神面向全国进行民族团结、民族政策的公益宣讲，让大家了解民族团结的重要性；告诉大家，我们都是中国公民，要认同我们的国家，各民族的命脉与国家的命脉是紧密联系在一起的，我们要相互尊重、相互扶持；我们同属一个民族，就是中华民族。我一直致力于让各民族的兄弟姐妹、各民族的员工在企业里就像在自己家里一样和谐、舒适、温馨、共生。

虽然我不是一名共产党员，但我在发展企业的同时，仍然按照党章和工会法等要求在企业发展中成立了党组织和工会组织，建立了党员活动室、职工书屋等。这两个组织的成立，发挥了党员在企业的先锋模范作用，也维护了职工的各项权益，实现了党建工作、工会工作与企业发展的高度融合，取得了共赢结果，为企业健康可持续发展提供了保障。

2014年，抚顺市成立民族团结进步宣讲团，我有幸成为宣讲团团长，并带队宣讲数十场。这一年，我作为全国民族团结进步模范先进个人受到了习近平总书记的接见；2015年，我作为少数民族代表参加了在北京举行的中国"九三"抗战阅兵仪式，现场观摩了阅兵大典。

多年的努力，让我收获了全国民族团结进步模范先进个人、全国民族团结模范感动人物候选人、庆祝中华人民共和国成立70周年纪念章、辽宁省民族团结模范先进个人、辽宁省民革社会服务工作先进个人、抚顺市优秀中国特色社会主义事业建设者等荣誉，这些荣誉对我来说，既是荣耀又是压力，它会激励我一如既往地将民族团结进步事业进行到底，不辜负党和政府、人民群众对我的信任和期望。

让雷锋精神发扬光大

话题 1：

传播雷锋精神的种子

我切身感受到了雷锋的好，随着年青一代又一代的成长，许多人都不了解雷锋的好，更体会不到学雷锋带来的好处，甚至还有人振臂高呼说什么"雷锋精神过时了""现在根本用不着学雷锋了"……对此，我深感遗憾。

所以，在很久以前，我就下定决心，要用我的力量去传播雷锋精神，让更多的人了解雷锋、理解雷锋精神的实质、体会学雷锋带来的好处。其实，雷锋精神并不难理解，他就是身体力行地告诉大家，帮助别人，得到更大好处的是自己。

我个人学雷锋，仅仅号召引领身边的人学雷锋是远远不够的，毕竟我个人的力量是有限的。于是，我想到了一个好主意——带着"雷锋"走遍全国，让雷锋走进全国人民心中。

2014年，我将想法付诸了行动，我一边走一边宣传雷锋精神、学雷锋做好事，让我所经过的地方见过的人都能真切地感受到"雷锋"就在他们身边。这就是我与张祥森、乔殿宝等人创办了抚顺雷锋文化传承中心后，组织开展的"雷锋精神万里行"活动。我们开展这个活动，就是要将雷锋精神传播到祖国各地，与此同时，搜集雷锋式道德典范人物事迹，转化成当代雷锋文化，进行广泛宣传，掀起常态化弘扬雷锋精神、做雷锋传人的热潮。活动中，我们远赴吉林、河北、河南、内蒙古、山西、四川、湖南、湖北、陕西、云南等10余个省、自治区，在全国许多城市宣传和弘扬雷锋精神，以实际行动践行着雷锋精神、做传播雷锋精神的种子，将雷锋精神的种子播撒到祖国各地，让更多人加入到弘扬并传承雷锋精神的队伍中来。

在革命老区四川巴中市，我和我的团队为该市龙背乡贫困小学400余名学生每人捐赠一个印有"学习雷锋好榜样"字样的书包。而我们自己，在长途跋涉中，累了就把车停下打个盹儿、稍作休息；饿了，就买来盒饭在车里充饥，把节省下来的钱都送到需要帮助的人手中。

在安徽，我们了解到"珠城好人许忠保"的感人事迹；在山东济南，我们听到了一个好"的哥"拾到32万元现金归还失主的故事；在湖北襄樊，我们把好司机张做东以及他所在的车队拍成了短片《城市流动的风景》……在"雷锋精神万里行"活动中，我们除了宣传雷锋精神、学做雷锋，而且还在所经过的地方搜集学雷锋故事，将其充实到我们宣讲的内容中。我们搜集了上千个学雷锋先进人物，把全国各地的好人好事分享给全国人民，让雷锋精神在祖国大地每个角落迎风招展、向着太阳怒放。

话题 2:

宣讲雷锋精神的小喇叭

辽宁抚顺是雷锋的第二故乡,是雷锋精神的发祥地,是全国学雷锋活动的策源地。半个多世纪以来,抚顺人坚定不移地将雷锋精神发扬光大,将学雷锋活动开展得如火如荼。

弘扬主旋律、传播正能量,讲雷锋故事、传承雷锋精神是雷锋传人的使命与担当。为了更好地传播雷锋精神,我志愿加入宣讲学雷锋的队伍中,2013 年,我担任了抚顺市雷锋精神宣讲团团长。宣传雷锋精神离不开演讲,我演讲时尽量不用稿子,演讲的内容大多是我自己的事,而且我只讲真话、说实话,从我身边的小事讲起，用故事说道理，再唱上一两首自己创作的歌曲，逐渐形成了我自己独特的宣讲风格，常常引来听者雷鸣般的掌声。

对于一名宣讲者而言，听众的多少直接影响到宣讲者的情绪。我始终坚持一个原则——不论是给一个人讲还是给 1000 个人讲，都只要一个标准，就是有激情，而且还要有真情实感，这样才能达到预期的目的，绝不浮皮潦草、应付了事，否则就失去了宣讲的意义。我还不定期到企事业单位宣讲雷锋精神，身体力行地传承和弘扬雷锋精神，让更多人参与到学雷锋活动中来。

近年来，我受邀到辽宁省信访局、辽宁省体育局、辽宁省民族和宗教事务委员会等省直机关作雷锋精神宣讲，得到了越来越多人的认可和赞同。其实我的宣讲目的很简单，就是希望每个人都能像雷锋那样，活成一束光，照亮黑暗温暖别人，让雷锋精神永放光芒。

为了宣讲，我有时错过了与生意伙伴合作的机会，有时放弃了与家人团聚的机会，但我从来都不后悔。一次，我正准备出差到兰州与客户谈合作事宜，突然接到辽宁省委讲师团安排我宣讲的通知。面对这种情况，我向兰州客户说明了情况，得到了对方的谅解后，安排公司员工赴兰州代表我与客户洽谈生意，我则留在抚顺参加宣讲活动。

雷锋曾经说过："人的生命是有限的，可是，为人民服务是无限的，我要把有限的生命投入到无限的为人民服务之中去。"可我要说的是："一个人的时间是非常有限的，但是我愿意挤出更多的时间用于公益慈善事业，让更多的人通过我的宣讲受到启发与教育，树立正确的'三观'，学做雷锋，奉献社会、助人为乐。"对于我的这一观点，有的人并不赞同，甚至有的人说我"不务正业"，但我认为，我在这条道路上找到了快乐、找到了自信，并享受着这份快乐。我用雷锋精神建企育人，企业效益蒸蒸日上。我始终坚信好人必定会有好报。

话题 3：

传递好声音

2013 年，我志愿加入了辽宁省抚顺市委讲师团宣讲团。当我第一次进社区演讲时，由于没有经验，说的全是大话、官话、套话，以至于一个老人把手中的西红柿扔到了我的脸上。从那以后，我从身边的小事讲起，用老百姓的话讲老百姓的事，用自己的亲身经历和体会讲党的政策、讲民族团结、讲雷锋精神，弘扬正能量、传递好声音。我这样接地气的演讲终于引起了听众的共鸣，有时候大家听着不过瘾，我还会演唱自己创作的歌曲，活跃现场气氛。

作为抚顺市委讲师团宣讲团的一员，我积极响应号召，经常参加"中国梦·我的梦"宣讲活动，深入基层，弘扬主旋律，传播正能量。机关、企业、学校、社区、军营……我都去过，几乎场场不落，引导广大群众牢固树立正确的人生观、价值观和世界观，得到社会各界的广泛认可和好评。我还定期到监狱向服刑人员宣扬雷锋精神，用雷锋精神去改造服刑人员，鼓励他们出狱后做一名对社会有用的人，并与他们签订帮教协议。

在"我们在一起，凝聚正能量"宣讲活动中，我连讲近百场，场场得到热烈回应，我也因此被辽宁省委讲师团授予"辽宁省最美讲师""辽宁省理论宣讲先进个人"等荣誉称号，这是给我最好的褒奖。

话题 4：

积小善成大爱

近年来，我在参与公益慈善活动、志愿服务中发现一个怪现象：一些下岗失业、打零工、吃低保的人，也加入这些活动的队伍中，做公益、学雷锋。虽然号召大家学雷锋做雷锋、投身公益事业是件好事，但试想连自己都还需要别人或者政府资助、救助的人，哪有能力去帮助别人、做公益呢？

我企业里有个员工，家庭贫困，是低保救助对象。就是想帮助他们自力更生、脱离贫困，我才安排他到我的企业工作，而且还经常将一些米、面、油等生活必需品作为救助福利发给他。一次，他刚刚领过救助福利之后又提出申请，说需要一些米、面、油，我也没有细问，就让工作人员又给他发了一份救助福利，却没想到他领了米、面、油之后送给了他所在小区的低保户邻居。因为公司上下都知道我热衷于公益慈善事业、扶贫济困、乐于助人，并且倡导大家也都投身到公益慈善事业中来，所以送去之后他回公司特意将这件事说给我听，求表扬、要赞赏。我当时非常无语，细想之后，又让他坐下，语重心长地告诉他，虽说我提倡大家无论能力大小，都要献出一份爱，温暖别人，快乐自己，但奉献爱心、助人为乐的前提是自己能够养家糊口、不成为家庭和社会的负担和累赘，更不能影响工作，不能只图名声好听、受到夸奖和赞扬而去做好事。

还有一次，也是我企业的员工，跟我请假不上班时，我问她原因，她说去参加学雷锋公益活动。我当时真是哭笑不得，狠狠地"批评"了她一顿："你学雷锋参加公益活动是好事，但你什么时候看到雷锋不坚守岗位、没做好自己的本职工作、耽误工作时间去帮别人做好事了？学雷锋不能走形式，要从心往外地认可雷锋精神。学雷锋不只是帮助别人做好事，就是学雷锋了。做好自己的工作、坚持将自己的平凡工作做到最好也是在学雷锋。"被我"批评"之后，这名员工对雷锋精神有了全新的认识和理解。

我们身边有这样一些人，让人非常不理解。固然这些人拥有一颗乐于奉献、帮助他人的爱心，应该给予鼓励和赞扬，但是连自己的温饱都不能解决的人，自己分内工作都不能做好的人，能够帮助他人的能力也是微乎其微、少之又少的。孟子有一句话："穷则独善其身，达则兼济天下。"不管是修身、齐家、治国、平天下，都先要自己吃饱穿暖，然后再去兼济别人。力所能及的善举是正常的，但不顾死活、连自己孩子都养活不了、耽误工作请假去做公益，这就不符合逻辑，也不符合常理，更不值得提倡。就像有的人自己饭都吃不饱、自己都挺困难，还总不合实际地去做公益，我认为这样的公益做起来也没有意义，纯粹是在作秀，根本就是伪公益。所以，我希望大家先把自己的生活质量提高了、日子过好了，再去帮助别人，更希望大家立足本职岗位学雷锋。

雷锋在日记中写道："生活中一切大的和好的东西全是由小的、不显眼的东西累积起来的。"我的理解就是：积小善成大爱。从小事做起，从身边的人爱起，爱家人、爱朋友、爱员工、爱同事、爱邻居……最后到爱陌生人，量力而行、力所能及，人人都能学雷锋、人人都可做雷锋。学雷锋不是高不可攀，哪怕是一杯热水、一个拥抱、一句暖心的话语，背后体现的是一颗爱人的心、给予的是一份温热的情。不要用大量的时间去做超过自己能力的事情，不要为了做公益而做公益，不要为了学雷锋而学雷锋，不要为了做好事而做好事，要发自真心、出于善意，通过一个微笑、一句贴心的话语、举手之劳的帮助等，让他人感受到如沐春风般的温暖和友善。

如果把举手之劳当作常态，把助人为乐养成一种习惯，这个社会就会成为和谐温暖充满爱的社会。

话题5：

唱出我心中的歌

　　我刚到辽宁抚顺那两年，在亲戚开的回民饭店里打工。一个夏天的休息日，我途经西一路铁路附近一栋红砖住宅楼时，看到一位老妇人正在3楼的窗台外半截护栏上看护着两个小孩子玩耍。老人一不留神，其中一个孩子便从3楼的护栏坠落下来。说时迟那时快，我连忙向前跑，举起双手想要接住空中正在下坠的孩子。接住孩子的那一刻，我被下落的孩子击倒在地。我毫不迟疑当即站起身来，不顾自己身上的伤痛，抱着怀里的孩子便拦下路边的出租车，奔向了最近的抚顺矿务局总医院进行抢救。待孩子得到及时救治、脱离危险，家人也赶来医院后，我就悄悄地走了。

不承想，两天后，这个叫小鑫的孩子的家人通过我在医院留下的信息找到了我打工的饭店，当时我正在厨房炒菜。孩子的父母买来了西瓜等水果，表达他们对我的感谢之情。

这是我人生第一次对生命产生敬畏，而且是正值我青春年少、根本嗅不到死亡气息的时候。当我眼睁睁地看着孩子从空中落下的那一刻，我真正感受到生命的脆弱。后来，我在汶川大地震的时候，第一时间赶到了受灾最严重的地区，冒着随时都有可能发生余震的危险，在废墟中抢救伤员、搜寻生命的迹象。时至今日，灾区一对小夫妻生离死别的场景仍在我脑海里浮现。那一刻起，我不仅对生命充满敬畏，更对大自然无比敬畏。

我虽然读的书不多，文化也不深，但我却特别喜欢学习，也喜欢将我自己的成长经历和切身感悟记录下来，给自己启示也给别人以借鉴。也就是在这些人生大起大落的颠簸中，我用歌曲的形式记录了我的心路历程。

我是从小唱着《学习雷锋好榜样》等学雷锋歌

曲长大的，这些脍炙人口的歌曲陪伴着一代又一代的"小雷锋"成长起来。我作为一个学雷锋典型、一个雷锋精神的传承者，看到了全国各地的无数个弘扬雷锋精神的传承者，他们为了弘扬雷锋精神作出了非常大的贡献，在传播雷锋精神的大道上一路前行。他们之中，有老人、有孩子、有青年、有军人、有公务员，还有下岗职工……他们默默无闻的奉献深深地感动了我，也影响了我，为了缅怀雷锋、赞颂学雷锋队伍中的雷锋精神传承者，我有感而发创作了《好人雷锋》这首歌曲，用歌声诉说我对雷锋及雷锋精神传承者的赞扬和敬仰。我还根据自己所经历的事情和切身感悟，创作并演唱了《为自己鼓掌》《追逐梦想》《五月的天》《撑起一片天》《那些年》等励志歌曲，用歌声诉说自己的思想、用歌声传承雷锋精神。

唱出自己心中的歌，不仅表达我的所思所想，也可以给人以鼓励。于是，为了让大家喜闻乐见、活跃现场气氛、达到预期的宣讲效果，我经常在宣讲雷锋精神、宣讲"中国梦·我的梦"等过程中或者结束后，应广大听众之邀，适时地唱上一首励志歌曲鼓舞大家。后来，有人问我唱的歌怎么以前没有听到过，我告诉他们，这是我自己写的歌，都是根据我的人生经历和感悟创作出来的歌。没想到这个答案得到越来越多人的认可和点赞，我信心倍增，更加坚定我要把心中的歌唱给大家听的想法和信念。

为了影响更多人来学雷锋、做雷锋，我不仅讲雷锋、唱雷锋，还沉下心来写雷锋。这些年学雷锋的体会和感悟，让我深刻地懂得了雷锋精神的意义和所赋予的新内涵。与时俱进、永不过时的雷锋精神，能够给人以启迪、净化社会风气，雷锋精神可以作为人生的指南引导人们的言行举止。为此，我还将自己的经历和切身的人生感悟记录下来，写成《为自己鼓掌》等文章，鼓励大家不要被困难吓倒，即使跌倒了也要爬起来，为梦想而努力奔跑。希望我的故事和人生感悟能激励广大青年及创业者，为梦想奋斗，不妥协不放弃；影响更多人学雷锋做好事，干一行爱一行，做一颗永不生锈的螺丝钉，以"奉献爱心、助人为乐"为人生信条，在帮助别人的同时快乐自己。

精神的丰碑

话题1：

千里单骑赴汶川

　　雷锋曾说过："当我想起我所经历的一切太平凡了的时候，我就时刻准备着：当党和人民需要我的时候，我愿意献出自己的一切。"雷锋还说过："我活着，只有一个目的，就是做一个对人民有用的人。当祖国和人民处在最危急的关头，我就挺身而出，不怕牺牲。"而对于我来说，我时刻准备着的或许就像远赴四川汶川那样，置生死于度外，想的只是尽自己的力量去帮助和救助那些身陷险境、生命受到威胁的人们。在汶川的每一天，我都经受着生死考验，在生死的边缘徘徊，我更深刻地体会到生命的脆弱与珍贵以及活着的美好！

2008 年 5 月 14 日，"5·12"汶川地震后的第三天，我背着家人乘飞机赶到了四川灾区。在成都市内我将 2.5 万元投到了募捐箱里，然后，打着出租车我挨家挨户地去便利店一瓶一袋地积攒饮用水和食品，当我将 5000 余元的食物装满整整一出租车后，就直奔汶川。

由于当时灾情严重，到达都江堰后就无法继续前行。而映入我眼帘的是一片废墟，只有学校的实验大楼还没有倒塌，但楼体也有很多裂缝，摇摇欲坠。镇里的村民戴着口罩在废墟中寻找着自己的亲人。我随着救援部队来到紫坪埔大坝——汶川映秀镇重灾区的最前沿，这里灾情非常严重，断壁残垣，临时搭建的帐篷和救援队伍到处可见。我把带来的水和食物逐个帐篷地发给灾民。随后，指挥部安排我和其他志愿者将药品、食品、饮用水分发给灾民，协助解放军疏散分流灾民、包扎伤员、实施救援。

我记得，有一天夜里 12 点多，我忙完了一天的救灾工作，筋疲力尽地和几名志愿者躺在帐篷里，正要入睡。突然，狂风大作，雷电交加，雨越下越大。去过四川的人都了解映秀镇的地形，崎岖的山路四面环山，中间有一条河，很少有空阔地，山上大大小小的石块不断地砸下来。大家看形势越来越危险，于是决定立即开着唯一的一辆急救车撤离到安全地带。急救车在泥石流的边缘颠簸着向前行驶，两个多小时之后，雨停了。第二天，通过广播我才知道前一晚发生了6.5级的余震。当我们回到山脚下原来的帐篷所在位置时，发现周围都是滚落下来的大石头。即使现在回想起当时的情景，那种死里逃生的感觉还让我不禁心有余悸，但我不后悔。尽管我当时特别害怕，但我还是决定留下来，无论再大的困难和艰险，我也要和灾区人民携手共渡难关。

5月18日，经历了数次余震之后，我和其他志愿者不顾危险继续救援灾民，安慰处于悲伤和恐慌之中的受灾群众。天慢慢地黑了下来，我忙碌了一天刚要回帐篷休息，忽然，在一片不被注意的废墟中我看到有什么东西动了一下。我赶紧跑过去，感觉废墟下应该有东西。因为手里没有工具，我只能用双手将一片片瓦砾扒开，突然一只脏兮兮的小手露了出来。看到这儿，我顾不上正在流血的手指，奋力地扒开上面的杂物，挖出一个奄奄一息的孩子。随后，我心急如焚地抱着孩子向救援点跑去。医生在临时抢救室里紧张地抢救着，我如热锅上的蚂蚁在门口焦急地等待着，完全忘记了自己的疲乏，心里不断地祈祷着：祈求医生救活这个孩子，祈求上天创造奇迹保佑这个孩子！时间一分一秒地过去了，我却觉得时间是那么的漫长，不知等了多长时间，听到帐篷里的医生用南方话说："活了，活了！"那一刻，我眼泪瞬间流了下来，就像是自己的孩子得救了一样，心里的一块大石头终于落了地。这次的经历，让我对生命有了新的认识，更加珍惜生命、敬畏生命。

当一个老父亲与一双女儿都以为对方已经离世，却不想突然经历了生离死别之后在救援点重逢时，他们相拥而泣、抱头痛哭的场面令我动容。看着他们一家人团圆时的激动和泪水，我心中不禁感叹：活着真好！

这次汶川抗震救灾中，我协助救援人员救出灾民300多人次。在救援工作接近尾声的时候，一对小夫妻阴阳两隔，活着的妻子抓着死去的丈夫的手，痛哭流涕、撕心裂肺，怎么也不肯放手。为了不耽误抗震救灾工作必须尽快处理她丈夫的尸体，作为志愿者，我去劝导这个妻子。但当我看到她握着丈夫冰冷的手哭得死去活来的样子，我也实在无法控制自己的情绪，泪流满面。当天晚上，我借着帐篷里微弱的灯光，写下了《五月的天》这首歌词。这就是歌曲《五月的天》的词创作背景，我深刻地感悟到，一家人在一起就是幸福，能够活着才是最美好！

我看到受灾的群众沉浸在失去亲人的悲痛中无法自拔，为了给他们力量，重新树立起生活的信心，我在当地制作了若干个条幅，那些印有"挺住，我们来了！""携起手来共渡难关！""辽宁人民永远和你们在一起"等字样的条幅抚慰着每一个受伤的心灵，让他们重拾信心和希望。

从汶川抗震救灾回来后，我的事迹得到了辽宁省人民政府和四川省人民政府的认可，我被授予"辽宁省抗震救灾先进个人""四川恩人"等荣誉称号。我还受邀出席"恩人谢谢你们"大型感恩活动，代表全国的志愿者在大会上发言。当时，我非常激动地说："其实我们不是恩人，我们是亲人，我们是血浓于水的骨肉同胞。"我还被四川省人民授予"恩人纪念章"，同时入选四川灾区百名恩人榜，成为抗震救灾百名恩人之一。2009 年 5 月 12 日，四川省举办汶川地震一周年纪念活动，我荣幸受邀到汶川映秀参加祭奠活动，并且受到了国家领导人的接见。

虽然这件事情已经过去了很多年，但每次回忆起在灾区的日日夜夜，我仍感触颇深，我对自己的选择仍然不后悔：地震发生后，我受到了极大的震撼。作为雷锋城的一员，我不能袖手旁观，我要把雷锋精神带到灾区去，我要让受灾群众感受到雷锋精神，"雷锋"就在他们身边，让他们知道有党在、有政府在，希望就永远在！

话题 2:

爱是付出和奉献

"我要永远愉快地多给别人,毫不计较个人得失。"
我非常赞同雷锋的这一观点:爱是付出和奉献。我之
所以 30 多年来无怨无悔,就因为我心中有了执着的
爱。虽然我不是万能的,但我坚信:爱,能创造一切。

2011 年冬天,辽宁抚顺市新抚区一居民区的居民
通过社区人大代表联络站向我反映,半夜总有狗叫不
止,影响附近居民休息,却查不出是哪家养的狗。于
是,我在当天半夜 11 点多来到反映狗叫扰民的居民家
中,实地了解情况。这位居民家住二楼,一楼都是门
市房,晚上不营业的门市房无人居住,但却有狗叫声

此起彼伏、没完没了。为了查清是哪一家门市房屋里传出的狗叫声，我和社区干部、派出所警察一起，对居住在二楼的居民挨家逐户进行排查，最后确定了发出狗叫声的门市房。第二天，当我来到这家门市房，与该门市房业主说明情况时，该业主解释道："我们家没有养狗，狗叫声是播放的狗叫录音，夜里没有人打更，播放狗叫是为了防范小偷偷窃。"我语重心长地告诉他，防备遭贼偷盗也不能播放狗叫扰民。对他进行了一番批评教育后，该业主认错态度很好，表示夜里再也不放狗叫录音了。至此，困扰附近居民很久的半夜狗叫问题得到了解决，投诉居民非常满意，还给我送来了锦旗表示感谢。

2013年1月，我听说东洲区有个白血病患儿叫小宇阳，父母离异、家庭窘迫，急需救助。我第一时间与爱心人士赶到小宇阳的家中，为他送去1万元现金并鼓励他早日战胜病魔、重返校园。当天我还派车把他送到了省城医院，让我的员工陪他。下午，我又联系到媒体记者，通过媒体向社会呼吁：希望更多的人伸出援助之手，给予这个不幸的家庭更多的帮助。

2013年秋，我在担任市人大代表期间接到市民反映，在抚顺一城乡接合部出现了一座坟头，过往百姓和途经此处上学的孩子都害怕，不敢由此经过。于是，我来到这座新坟所在地了解情况，原来是当地一袁姓居民父亲去世后，为了满足父亲"入土为安"的遗愿，儿子就给他土葬、没有火化。我一边做居民的思想工作，一边联系相关部门。第二天，有关部门便将尸体挖出并予以火化，解决了困扰当地居民的问题。为了平复袁姓居民的情绪，我还买了水果亲自登门劝解。

我们的能力可能有限，但只要我们心中有爱，愿意付出和奉献，哪怕只是举手之劳、哪怕只是微不足道的小事，也会给身处寒冬的人以温暖。

话题 3：

甘愿做雷锋式的"傻子"

　　初识我的人都羡慕我，作为一个企业家，有自己的企业。但是他们看到的只是我外表的光鲜，并不了解我心里的忧愁与创业的艰辛。认识我的人，都知道我的难处和不易。他们中有的人同情我："本是个好人，做的也是好事，却不承想搬起了石头砸到了自己的脚"；也有的人说我傻，有钱不帮亲，却去帮助不认识的陌生人。

　　我并不这么认为，不论是亲人还是陌生人，我都坚持救急不救穷。我愿意帮助有自立自强意愿却无"第一桶金"的人，不愿帮助好吃懒做、不务正业之人；我愿帮助那些身处困境的人，却不愿意帮助那些总认为"我穷我有理"的扶不起来的"阿斗"。

2015年，虽然我的直系亲属都不在山东老家生活了，但我经常关注村子的发展。当我听说村子里的孩子没有活动场地，想建一个篮球场时，我当即汇去了几万元钱，资助村子修建篮球场，让村里的孩子有个强身健体、娱乐活动的场地。尽管我的朋友说我："你家人都不在那儿住了，你还往那儿捐钱干吗？你自家人也都用不上，你是不是傻呀？"面对朋友的质疑，我只是一笑而过，没做过多的解释，但我却觉得这钱花得值！

2013年，辽宁省抚顺市发生"8·16"特大暴雨洪水灾害，通信中断，设施损毁，"求好心人告知我父亲的情况""谁知道南口前的现状，我有亲人在那里"一份份告急的信息在网上流传……当时，清原满族自治县南口前镇灾情特别严重。8月17日早晨，我得知这个消息后，就驾驶吉普车前往南口前镇。没想到刚出了收费站，就看到一片汪洋，根本看不到路。一些人蹚水逃生，我让受灾群众赶紧上车，来回往返几十趟，紧急救出100多人。在此后的10多天里，我往返新宾、清原等地救灾，共捐献物资折合人民币8.6万多元，我的车也成了名副其实的救灾专用车。

为方便村民与外界联络、给亲人报平安，我买来6部手机和联通、电信、移动等通信公司的手机卡，开车送到受灾严重的几个村，开通了灾区的"生命热线"，让受灾群众在第一时间和外界的亲人取得联系、报个平安；让更多的受灾群众能和救援队伍取得联系、报告受灾的准确情况。我还为南口前镇海洋村回族受灾群众送去了清真食品，让受灾人民感受到了家的温暖。

认识我的人都说我傻，抗灾救灾有政府有解放军呢。我却回答，我做这些都是出自本心、发自真心，不是为了名和利，更不是为了向政府表功、让百姓说好。雷锋说："我要做一个有利于人民、有利于国家的人。如果说这是'傻子'，那我愿意做这样的'傻子'。"确实如此，如果做雷锋式的"傻子"，我也愿意。

话题4：

最美志愿者

　　社会上需要帮助的人非常多，总有一些特殊的人需要得到我们更多的关爱。我一直致力于将雷锋精神的种子播撒到世界每一个角落，让雷锋精神的阳光普照四方、驱散阴霾，包括那些因为犯罪而失去自由的人。虽然他们是罪有应得，但如果不驱散他们心中的黑暗，即使他们刑满释放，也会成为社会上不和谐的因子。因此，我定期走进那个谁都不愿意去的监狱，走过布满铁丝网的高墙，语重心长地向服刑人员宣扬雷锋精神，用雷锋精神去改造、感化服刑人员，鼓励他们出狱后做一名对社会有用的人，让光亮照进他们的灵魂、让他们感受到温暖。我不仅自己去监狱与他们谈心，为了弥补服刑人员渴望的亲情，我还说服、劝慰那些因他们犯罪觉得丢人、不愿来监狱探视的家人来看望他们，让他们觉得不孤单，没有被社会所抛弃，没有被家人朋友所放弃，从而好好改造，重新鼓起信心面对今后的生活。如果服刑人员的家人确实来不了，我便把服刑人员家人的录像放给他们看，让他们安心服刑。每到节日，我还同监狱服刑人员及狱警共同排练节目，一起唱我创作的歌曲《好人雷锋》。

特别的爱给特别的人。刘辉（化名）原是一名服刑人员。在狱中，他听了我的几次演讲后，深受教育，表示一定改过自新，好好接受改造。"我从马总身上看到了真善美，明白了活着的价值和意义……"看到刘辉发生的可喜变化，我当即承诺刘辉只要他好好改造、重新做人，我就会在他出狱后给他解决工作问题。2014 年，刘辉出狱重获自由后，我信守诺言，千方百计为他安排了一份适合他的工作，使他有了稳定的经济收入。如今，我还指导刘辉学习演讲的技巧，等他掌握一定的演讲技巧后，便动员刘辉重回曾服刑过的监狱演讲，以教育感化更多的服刑人员。

在进监狱宣讲雷锋精神、帮助失足人员的过程中，我结识了一个因家庭离异而误入歧途的年轻人，我不仅在精神上帮扶他重塑信心，而且还承诺他出狱后给他提供工作岗位，帮助他过上正常人的生活。在我的帮扶下，他痛改前非。服刑期满后，我兑现诺言，资助他"第一桶金"，使他做起了卖盒饭的小生意，生活逐渐步入了正轨。除了他，我还与许多服刑人员签订了承诺书，只要他们好好改造，出狱后遵纪守法、安分守己，我就会帮他们安排工作，解决他们的生活问题。

我之所以采取这样的做法，就是要让他们懂得做人要有底线、守规矩。我虽然无条件地给予他们帮助，但却不是一味地纵容。"授人以鱼，不如授人以渔"，我要让他们从心理到身体都重新"站"起来，做个顶天立地的人。

雷锋说："我觉得自己累一点算不了什么，只要大家多得些方便，就是我最大的快乐。"雷锋的这一观点，也是我积极参加志愿服务的初衷和动力。从2003年起，10多年来，我参与志愿活动200余次，经常深入贫困地区、孤儿院、养老院参加志愿服务活动，为孤儿、老人送去爱心和温暖；"5·12"汶川大地震作为辽宁志愿者第一人，我亲赴前线抗震救灾；2013年在抚顺"8·16"洪灾期间，我带领团队亲赴受灾现场援助……我被抚顺市授予"抚顺市杰出学雷锋志愿者""最美志愿者"、辽宁省学雷锋志愿服务"最美志愿者"等荣誉称号，我非常喜欢"最美"这个词，不是因为我是"最美"的志愿者，而是因为志愿者是最美的。希望更多的人加入志愿服务中来，成为世界上最美的人。

话题 5：

影响更多人学雷锋

经历过生与死的考验，看过了失去自由的无奈，经受了失去亲人崩溃边缘的锤炼，我更加觉得人活着，必须要有信仰，而我的信仰就是雷锋精神、做雷锋传人。雷锋精神带给人的力量是无穷无尽的，要想让更多的人体会到雷锋精神的博大精深、体验到学雷锋的好处，那就要不折不扣地将雷锋精神弘扬、传承下去。只有把雷锋精神传承下去，带动更多的人学雷锋、做雷锋，社会才能真正成为一个和谐、温暖的大家庭。

2012 年 3 月 5 日，我和张祥森、乔殿宝等爱心企业家共同发起并成立了抚顺雷锋文化传承中心。这是一个以"传承雷锋文化、弘扬雷锋精神"为宗旨的公益组织。我担任抚顺雷锋文化传承中心副主任、雷锋精神宣讲团团长，参与了抚顺市学雷锋典型联合会、辽宁省雷锋研究会及各级组织的雷锋精神宣讲活动。近年来，通过开展雷锋大讲堂、双进社区、帮教基地、志愿者活动、雷锋精神万里行、雷锋书法图片展等一系列活动，在祖国的大江南北、抚顺的大街小巷，都留下了我学雷锋、做雷锋的身影，吸引了越来越多的人了解雷锋、走近雷锋、成为雷锋。

同时，作为多年的学雷锋典型，我帮助很多非公企业成立了学雷锋志愿者服务组织。2014年，我身体力行，在自己的公司创建雷锋大讲堂和微爱奇迹志愿者协会，创办了《马宗奇话雷锋》栏目，通过直播与现场结合的方式，传播雷锋精神、传递正能量，努力把雷锋精神发扬光大、传播到祖国各地。如今，我的公司到处洋溢着正能量，每一名员工都能做到爱从身边做起，做到善心善行。在各级政府的指导下，企业的凝聚力、向心力、竞争力不断增强。我还培训每名员工都成长为雷锋精神的传播者，公司每年评选"顺意雷锋人""顺意雷锋班组"等，从物质上到精神上奖励人品好、肯努力、求上进、学雷锋、做好事的人。我也荣幸地成为抚顺市慈善总会的常务理事。

优秀的企业家要有爱国之情、报国之志，要有担当精神和社会责任感。多年的经商经历，让我懂得企业做得越大，企业家的责任也就越大。我觉得一名有责任的企业家，成功后绝不应该炫耀，而是去照耀，点亮自己、照亮他人，用爱照耀身边的人、同事、朋友、陌生人，用自己的言行去影响社会风气、传递正能量。说白了，就是"让钱发挥正能量，积极投身慈善公益事业；关心、关爱、帮助他人，回报社会，促进社会健康和谐发展"。

人民代表为人民

话题 1:

人大代表是职务更是责任

　　虽然我只是个企业家，但我有许多社会职务、各种头衔，在这众多头衔里，我最注重的就是"人大代表"这个职务。从区人大代表到市人大代表、省人大代表，我一直认为"人大代表"不是荣誉，而是职务，是一份重要的责任。

　　在管理好企业的同时，我会腾出更多的时间和精力用在履职尽责、为百姓办事和公益宣讲活动上。为此，有人调侃我是"专职代表"。而我觉得，人民选我当代表，我就要对得起人民的信任，对得起组织的培养与期望，对得起身上这份沉甸甸的责任，更要对得起自己的良心。正如习近平总书记在参加十二届全国人大五次会议辽宁代表团审议时所指出的那样："人大代表肩负着人民重托，责任重大、使命何其光荣。每一位人大代表，都要站稳政治立场，遵守政治纪律，做政治上的明白人，要增强政治观念、法治观念、群众观念，履行宪法法律赋予的职责，发挥来自人民、根植于人民这个特点，接地气、察民情、聚民智，努力做到民有所呼、我有所应。"

所以作为一名人大代表，履职尽责不能光说在嘴上、光耍嘴皮子不行，要体现在行动上，要真正把人民放在心上，替百姓说话、为百姓办事，做新时代精神的引领者和传播者。

同为人大代表的雷锋曾说："人民的困难，就是我的困难，帮助人民克服困难，贡献出自己的一点力量，是我应尽的责任。"而我认为，一名优秀的人大代表，要从心底重视这个公共职务，永远保持履职的激情，扮演好自己的角色，做一个有血有肉、有信仰、有担当、接地气的人大代表，才无愧于人民、无愧于党和政府对我的信任。

我非常珍惜人大代表这一身份，在认真履职尽责的同时，积极发挥人大代表的作用。在当选省人大代表之前，我当了多年的市、区人大代表。无论当的是区人大代表、市人大代表还是省人大代表，我都认真对待，全身心投入，永葆激情。我永远全程出席人民代表大会，从未迟到、早退、请过假。会议期间，按时参加各项会议及表决和选举工作，认真审议各项报告和决议，积极发表意见。全国人大闭会期间，我积极参加省人大常委会、原选举单位和代表小组组织的会议、学习、培训和视察、执法检查、专题调研等活动，我从未缺席。我还在辽宁省十二届、十三届人大代表履职培训班上作过经验介绍，交流心得。在辽宁省人大举行的"践行总书记重要讲话　做毛丰美式的人民好代表"主题活动推进会上，我作为优秀人大代表发言。在"不忘初心，牢记使命"主题教育中，我深入多个省直部门，结合自己的亲身经历，作主题报告宣讲，传递正能量，教育引导广大机关干部学习雷锋、立足本职、真抓实干，努力创造经得起实践、人民、历史检验的业绩。

近20年的人大代表生涯中，我坚持以实际行动践行习近平总书记讲话精神，始终牢记"人民选我当代表，我当代表为人民"的庄严使命和责任担当，忠诚履职、恪尽职守，努力争做一名优秀的人大代表。结合雷锋日记和习近平总书记的要求，我对人大代表有了更为深刻的理解。我深知：人大代表不是荣誉而是一种责任，使命光荣、责任重大。我一定要认真履职尽责，才会不辜负人民的信任和重托。

话题2:

我的人大代表经历

现在算来，我已经是一名有着20年履职经历的"老"代表了。20年的人大代表履职经历，让我深深地懂得作为一名合格、称职的人大代表，首先要站在讲政治的高度，围绕社会发展大局，道真情、说实话、出实招、谋发展，力求提出的每个建议、议案都有针对性、有可操作性、有时效性，促进经济发展、社会进步。

我于2002年当选为辽宁省抚顺市新抚区人大代表，2007年当选为抚顺市人大代表，2016年10月当选为辽宁省人大代表。从抚顺市新抚区人大代表、抚顺市人大代表、辽宁省人大代表，到辽宁省十二届和十三届人代会主席团成员、辽宁省十三届民族侨务外事委员会委员，一路走来的20年里，我依法履职尽责，密切联系群众，深入到社区群众当中，了解反映社情民意，积极为人民代言、为民排忧解难，用不灭的激情践行着"人民选我当代表，我当代表为人民"的神圣宗旨，得到了社会各界的认可和肯定。我敬畏、珍惜"人大代表"这一光荣称号，也尽自己所能全身心地维护这一光荣称号。

作为"老"代表，我感触颇多，也有很多感悟，这么多年的履职代言，得罪了不少人，也曾受到过不少不法分子的威胁，但我始终相信邪不压正，我会坚定不移地走下去。

在担任新抚区人大代表期间，正值抚顺市棚户区改造，我帮助陈凤等4户朝鲜族居民解决了因支付不起购房差额款而无法搬入新居的问题。在担任抚顺市人大代表期间，我撰写了《关于审批规划回族同胞墓地的建议》《关于落实对少数民族群众肉食价格补贴的建议》等建议，并得到采纳。这期间，我提交了60多条维护民族团结的建议。

2016 年 10 月，我当选为辽宁省人大代表。每次参加会议，我都会认真发言，保证发言有准备、有质量，从不缺席请假。特别是荣幸成为辽宁省人大常委会主席团成员后，我更加注意细节和注重品行。每次在主席台上，我都精神饱满地参加会议，传播正能量、释放精气神。

作为少数民族企业家，我抽出大量时间，围绕民营企业发展、少数民族权益保障等问题进行了深入调研，针对中小微企业发展困难，我撰写了《关于金融机构支持中小微企业发展的建议》和《关于修订〈辽宁省散居少数民族权益保障条例〉的建议》，并提交省十二届人大八次会议。

2017 年，我在调研中了解到，目前中小学班主任老师因为受升学指标及各项评比制度等因素影响，工作压力非常大，身体素质和心理状态都很脆弱，经常发生在课堂晕倒的现象。于是，我提出了《关于加强中小学班主任老师心理疏导的建议》，引起了教育管理部门的重视，随后，教育管理部门出台了一系列措施，如在学校设立了心理疏导站等，为在校老师减压。

20 年来，我提出的建议大部分得到了回应和解决，我本人也多次被评为"优秀人大代表"，我的人大代表履职事迹多次在《人民代表报》等媒体上报道。

话题3：

为人民履职代言

　　人大代表是人民选出来的，就要代表人民的利益，必须要积极为人民代言发声。为了方便与人民群众保持密切联系，我筹建了社区人大代表联络站，公布了我的手机号码，随时听取人民群众的意见和呼声。我还向社区选民发放了人大代表联系卡，"有事您别急，请找代表马宗奇"已经成为当地百姓流传甚广的一句话。

　　为更好地"接地气"，2008年，我在选区设立了社区人大代表联络站，随时和群众保持面对面的沟通，实现了与群众零距离的接触，为群众排忧解难搭建了一个平台。

2009 年 1 月，一对夫妇通过社区人大代表联络站向我求助，他们的女儿在鞍山市误入非法传销组织，多次解救未果，无奈之下找到了我，希望我帮助他们解救出女儿。我当即放下正在洽谈的生意，奔波于抚顺与鞍山之间，在与当地派出所的共同努力下，终于成功解救了这对夫妇的女儿，使她平安回到了父母的身边。为了避免更多的年轻人受害，我还向鞍山市人大常委会提交了《关于取缔非法传销组织的建议》。鞍山市人大采纳了我的建议，并依法终止了这一非法传销活动。

2011 年农历正月初八，人们都还沉浸在节日的喜庆氛围中，我却接到了在露天市场上卖鱼的下岗职工刘玉山夫妇的求助电话。刘玉山的鱼摊生意因受不法分子的无理取闹而无法经营。在被人打伤、执法部门未能公正解决、求助无门的情况下，他便拿着我留下的人大代表联系卡，抱着试试看的心理给我打了求助电话。我当时二话没说，开车就赶到了事发地。看到我要为刘玉山出头、讨公道，不法分子将我包围，并谩骂甚至殴打威胁我少管闲事。紧要关头，我毫不退缩，义正词严，据理力争，在得到讯息赶来的执法人员配合下，我们一同驱散了不法分子和社会闲散人员，监督执法部门公平公正、快速处理了该事件，维护了刘玉山的合法利益。这样的事还有很多。我替老百姓说话，也因此得罪了很多人。有砸我车的，也有给我打恐吓电话的，但我从不畏惧、没有退缩，坚持为百姓代言。为老百姓办事我不怕得罪任何人。

虽然我做的都是一些微不足道的小事，却是困扰百姓生活的难事。这也充分说明了我筹建的社区人大代表联络站确确实实为老百姓做了实事好事。尽管当时企业社区两头忙碌，很累也耽误了企业的经营发展，但我无怨无悔、深感光荣。

2011 年 12 月 20 日，抚顺市第十四届人民代表大会第五次会议召开前，抚顺市人大常委会向社会公开了包括我在内的 10 名市人大代表的电话号码。凡是有打电话向我求助的，我都会尽心尽力帮助群众解决问题。

人代会结束后，我的电话号码一直公开。这张名片已经成为当地百姓心中的主心骨，群众有什么大事小情都打电话给我。"马代表，我家暖气不热，家里有老人，找供暖单位也没解决。""马代表，我是大集体职工，因工致残，企业不行了，15年不给开工资，生活非常困难。"房票办不下来、公交车车次太少、路灯不亮、不给临时工签劳动合同……电话公开后，我的电话一时间成了"热线"，老百姓反映的问题大多是人们眼中的小事，但却是老百姓的难事，只要是老百姓的事，再小对我来说都是大事。所以无论多忙，我都会放下手中的工作去帮助解决。由于老百姓离不开这个电话号码，这个号码我一直用到2015年。

4年里，我一直使用这个电话号码，且24小时开机。我还准备了一个本子，专门用于记录来电反映的问题及最终解决的情况。这个本子，写满了密密麻麻的字，详细记录着每一件我经办的事情，看到这些事情都有回音，大部分都得到反映群众的"满意"，我心里无比欣慰。虽然每年百姓反映的问题都有上百件之多，但再苦再累我也心甘情愿，因为那是用我的苦累换来了百姓的甜。

我还自费10万元，在公司建立了较高标准的辽宁省人大代表联络站和抚顺团代表之家，倾心为人大代表们提供一个活动的场所，搭建一个学习、议政和交流的平台，用于倾听群众呼声，真心实意为百姓办实事、好事，排民忧、解民难。目前，与我联系的代表和联络员队伍已发展到 32 人。

2019 年，有联络员反映一个离异家庭的孩子张某某长期受到家庭虐待，我了解情况后，多次与孩子的家人、社区、学校沟通，协调解决孩子健康成长的问题。为保护更多像张某某这样的儿童，在辽宁省十三届人大三次会议期间，我提出了《关于加快出台反家庭暴力地方法规，切实保护妇女儿童免受家庭暴力的建议》，受到辽宁省妇联的重视。2019 年，一个抚顺籍沈阳民营企业家由于下游企业弄虚作假、拖欠货款，在没有充足证据的情况下，在法院一审、二审中败诉。他在求助无门的情况下，抱着试试看的心理，通过联络站找到了我。我在他找到新证据之后，通过正常的程序将此事反映到辽宁省人大，引起辽宁省高级人民法院的重视，法院启动再审程序，解决了这个企业家的难题。

人大代表就是要为人民代言，但对比人民的期望值，我还有很大差距，也有解决不了的问题。但我认为，只要细心耐心地给予解答，给百姓以心理安慰，哪怕是成为百姓负面情绪的"发泄桶",也是发挥了人大代表的作用,也会得到百姓的理解和信赖。

话题 4：

为民营企业发声

作为一名民营企业的人大代表，我反映老百姓关心关注的民生问题，也代表民营企业建言发声。2017年6月，我在调研中得知抚顺市一家金融机构因为辽宁省高法、大连中法的判决将面临重大经济损失。为维护这家金融机构的合法权益，我多次奔波于辽宁省人大常委会、辽宁省高级法院之间，陈述自己的主张、建议，最终得到了重视，进而避免了其遭受重大经济损失，维护了金融企业的资产安全和企业的合法权益。

非公有制经济是我国公有制经济的重要补充，振兴辽宁必须要大力发展非公经济。实体经济是经济发展的基础，要实现国富民强必须要发展实体经济。作为非公企业的人大代表，我必须要为民营企业发声。在辽宁省十二届人大八次会议上，针对中小企业的发展困境，我提出了《关于金融机构支持中小企业发展的建议》，并受到相关部门重视与认可。为加快辽宁省民营经济的发展步伐，在辽宁省十三届人大代表第一次会议上，我又提出了《关于支持非公有制经济健康发展的建议》和《关于金融机构大力支持实体经济的建议》，受到了辽宁省金融办、金融监管局、辽宁省人民银行等单位的高度重视，为《中共辽宁省委 辽宁省人民政府 关于加快民营经济发展的若干意见》《辽宁省人力资源社会保障厅关于支持民营经济发展的若干政策措施》《辽宁省总工会支持民营经济发展十项措施》《辽宁金融机构支持民营企业发展奖励办法》等政策和措施的出台贡献了智慧和力量。这些政策措施的实施，惠及民企、助力实体经济发展，为辽宁省经济高质量发展提供了重要保障。

民营经济是社会主义市场经济的重要组成部分，它的发展壮大将对我国的社会经济发展、和谐稳定发挥巨大的作用，同时，民营经济的健康发展也离不开人民法院的保驾护航。为此，2020 年我提出了《关于法院在服务民营经济中发挥作用的建议》，以期为新时代民营经济健康发展创造更加公平、透明、可预期的法治环境。为进一步激发民营企业发展潜力、发展壮大民营经济，我还提交了《关于激发民营企业发展活力的建议》。

在参加辽宁省人大会议期间，我主动配合辽宁省、抚顺市的媒体采访，讲好家乡故事、传递辽宁好声音，为建设家乡抚顺集聚了满满的正能量，也展示了抚顺代表团的风采。

今后，我会一如既往地怀着一颗感恩之心，依法履职尽责，为辽宁老工业基地振兴发展、为抚顺转型振兴贡献自己最大的力量。

话题 5：

关注民生解决百姓难题

在我连任辽宁抚顺市人大代表期间，我根据调研，在抚顺市人代会上提交了 50 多条关于老百姓关心的热点难点问题的建议、议案，其中大部分被各级政府部门采纳，得到了解决。被选为辽宁省人大代表之后，我更是不遗余力地深入调研，撰写了许多反映民生、百姓关注的建议，并得到辽宁省相关部门的高度重视。我还多次受邀到各市县区人大培训班给各级人大代表培训演讲，我的履职事迹在《人民代表报》宣传报道，我的名字也被收录进《中国人大年鉴》。

抚顺市东岗道桥收费站是当时唯一一座建在市区

内的收费站，是抚顺市政府与中国华能集团的合资项目，位于抚顺市新抚区和东洲区交界处，也就是说，在市区建了一个收费站。该收费站于 2001 年建成运营，被抚顺人称为"最牛收费站"。老百姓驾车经过收费站，仅仅 2 公里的路程却需要交 5 元钱的过路费，因此百姓出行宁愿绕道走。市民意见较大，拆除东岗道桥收费站的呼声越来越高，多次反映却没有得到解决。运行多年的收费站也日益暴露出阻碍经济发展的弊端，社会各界对此反响强烈。东岗道桥改善了抚顺这段道路坑洼不平的路况，解决了新抚区到东洲区行路难的问题，也为当年抚顺市的经济建设作出了巨大贡献。为了收回成本设置收费道口，也是在所难免。但随着城市的发展，经过七八年的费用收取，这座道桥的修建成本已经收回来了，再继续收取过路费不但不利于抚顺市经济发展，而且还会引起民怨。取消东岗道桥收费站，对抚顺市民来说绝对是一件好事，是造福于民、众望所归的事情。我就是基于这样的想法，希望能够尽我的力量来解决困扰百姓多年的出行难问题。从 2008 年起，我连续 4 年向辽宁省抚顺市人代会提交《取缔抚顺东岗道桥收费站的建议》，反复陈述并强调东岗道桥收费站的存在弊大于利。经过不懈努力，抚顺市委、市政府对此进行了专题研究，东岗道桥收费站终于被取消，加快地方经济发展的同时更方便了百姓出行，市民拍手称快。

在担任辽宁省十三届人大代表期间，我还提交了5个建议。其中，最让我印象深刻、最有成就感的还是沈阳有轨电车及沈阳地铁东延、与抚顺公交相连的建议。沈阳同城化喊了许多年，但两地的交通却一直没能实现无缝连接，沈阳有轨电车和地铁距离抚顺公交站点还有一段距离，给两地市民往来带来了诸多不便。为深入推进沈抚同城化、加快两市公交互通，拉动沈抚经济建设、方便两地市民出行，我提出了《关于加速推进沈抚新区有轨电车及沈阳地铁东延工程的建议》。该建议一经提出便被采纳，目前，沈阳有轨电车5号线向东延至抚顺工程已运营通车，与抚顺公交相连。同时，有关部门已经规划将沈阳地铁3号线、5号线、9号线向东延伸至沈抚示范区与抚顺城市轨道交通对接。在《辽宁省优化营商环境条例》制定、征求意见阶段，我也提出了自己的意见和建议，助推了该条例的出台。

在爱的路上奔跑

话题 1：

有梦想就去追

　　人活着就必须有理想有目标，一旦确定了理想和目标就要下定决心为之努力去奋斗，不要彷徨，更不要半途而废，成功是没有捷径的，它只会垂青那些认真工作的人，而成功的背后，大部分都是死磕到底的坚持和干劲。

　　雷锋，就给我们追逐梦想开了个好头。他在工厂是标兵，但他的梦想是能够成为一名解放军战士。1949 年 8 月和 1954 年底，雷锋曾两次要求参军。虽然两次都因为身高、体重等原因在体检环节中就被"淘汰"，但他并没有放弃参军的梦想。1959 年 12 月，雷锋第三次要求参军。为了应召入伍，雷锋可以说是几经周折、煞费苦心。他在《弓长岭报》发表《我决心应召》，公开表明自己参军的坚定决心。尽管雷锋报了名参军，但身材矮小的雷锋参军过程可谓一波三折，在第一轮目测时就失去了体检资格。因为他一贯表现突出、要求参军态度坚决，加上地方兵役局保送和接兵部队首长同意，用"候补名额"身份"准备入伍"，最终实现了参军的梦想。

在过去的岁月里，我有过许多梦想，每当一个梦想实现的时候，我就会为自己设定出下一个梦想。你要问我实现梦想的秘诀？那我能告诉你的只有一个：有梦想就去追，不要去想结果，只管努力、奋斗，持之以恒。因为，老天从来不会薄待一个肯努力、肯吃苦、忠厚善良的人。

我出生于山东陵县一个贫困的小村庄，小的时候，家里很穷，当时我的梦想，就是有一天能走出这个贫困的农村，到外面的世界去闯荡。后来，在我的坚持下，一个人不畏前路陌生、迷茫而崎岖，仍然怀揣着梦想走上了背井离乡之路，来到辽宁抚顺，从一个打工仔做起。

1985年，我终于如愿地走出了贫困的小村庄，作为改革开放后的第一批打工者来到抚顺，也是在那一次，我第一次坐上火车。在拥挤而破旧的车厢里，我暗下决心，一定要在抚顺闯出个名堂、活出个样来，那一年我才17岁。

　　梦想总是美好的，现实的苦难却是常人无法想象的，创业过程的艰辛更是无法避免的。我只能苦中作乐给自己打气："先苦后甜！"最初，我在一个回民小饭店打杂，人生的第一份工资每月30元全部寄回家中，缓解家里的难处。在饭店打杂期间，我觉得厨师这个职业赚的钱多，还很体面，于是我又梦想着当一名厨师。慢慢地，通过学习、反复锻炼，我终于成为一名厨师。

　　起早贪黑的努力终于没有白费，我从饭店洗碗、打杂的"店小二"成了后厨掂大勺炒菜的"大师傅"。有了稳定的收入，我却没有满足现有的生活。我想，将来我要是自己开饭店那该有多好。可谁会想到，几年后，我真的拥有了一家自己的小饭店，虽然只是一家小门脸的饭店，但它却承载了我当初所有的梦想。当然，根本不会有人知道，我为了实现自己的每一个梦想，背后付出了多少艰辛和汗水。

具备一定经济基础后，凭着自己的一腔热情和勤奋，我开始寻求安定和发展。1995 年，经过 10 年的打拼，我终于在抚顺扎了根、落了户，组建了自己的家庭，还创办了抚顺顺意清真食品加工厂，直到发展到现在的辽宁顺意清真食品有限公司。

随着我的梦想一个又一个地实现，又有新的梦想出现：有了自己的饭店，我又想有自己的品牌；有了自己的品牌，我又想有自己的企业；有了自己的企业，我又想让更多人拥有自己的梦想……在每一个梦想酝酿、萌发、实现的过程中，我也参悟了所谓成功的秘诀，其实也不是什么大道理，那就是有了梦想坚持住，死磕到底，千万别放弃，因为也许在你想要放弃的时候，你已经距离成功只有一步之遥了。所以，不要给自己后悔的机会。

从厨师到做食品产业，我深有体会：我的专长和潜能就在这个行业，如果干别的、进入别的行业别的领域，我也未必干得好、未必行，一旦干好了、做精了，就是专家。当然，我给大家也提个醒：在为实现梦想努力奋斗的过程中，也要时刻看到自己的短板和不足，正确地认识自己。机遇来时别错过，没有机遇不强求。既不高估自己的能力，也不贬低自己的价值。生活中要实事求是，量力而行，只要尽力朝着自己优势的方面去努力，我们就能找到自己的闪光点，找到属于自己的幸福。所以说，方向比速度重要、选择比努力重要，我们要在人生中找准自己的奋斗目标和正确的方向。

话题 2：

不要怕吃苦

我一直坚信，吃得苦中苦方为人上人，现在所吃的苦都是在为未来铺路。"我们要像松树那样，不怕风吹雨打，严寒冰雪，四季常青；我们要像柳树那样，插到哪里都能活。"苦孩子出身的雷锋也是这样激励自己的。

我刚到抚顺时，正值冬天，住的地方很简陋，没有暖气，每天还要一大早起来露天炸油条，手脚都长冻疮。即使这样，我也不觉得苦，因为我知道，生活不仅有眼前的苟且，还有诗和远方。我要怀着积极的心态面对人生、面对生活，不要把眼前吃的苦当回事，不要惧怕苦难、坎坷，而要把苦难化作成功路上的助力器。因为，吃多大的苦，就能享多大福，我相信，一定是这样的。所以说，苦难和坎坷是每个人必须要经历的考验，大家在苦难面前要做强者，不要被苦难与挫折吓倒。

除了身体上的苦，还有心里面的苦，那才是真的苦，还必须要经历、必须要承受。我经营的小饭店刚刚起步的时候，为了让老家已经成年的弟弟也出来谋个出路，同时也帮衬照顾我饭店里的生意，我的弟弟到我的小饭店来帮忙。不想，一次回老家，往返抚顺的途中，在火车上见义勇为，年仅 23 岁的生命就此结束，我当时心中失去亲人的痛苦和因为我让弟弟来抚顺的愧疚自责无法用语言来形容，可即使我心里再难过、再痛苦、再受打击，为了家人、为了小饭店里员工、为了英年早逝的弟弟，我也得挺起胸膛、撑起一片天。那段时间，我一边经营小饭店，一边找律师打官司，为弟弟见义勇为而殒命讨个公道，真是身心俱疲啊！弟弟出事后，老家的大嫂便接替逝去的弟弟来抚顺我的店里帮忙，不想没多久，大嫂又突发脑溢血而病逝。连连遭受失去两位亲人的痛击，我当时真的觉得自己快要撑不住了，要崩溃了。可最后，我还是挺了过来，因为我知道，天将降大任于斯人也，必先苦其心志，劳其筋骨，饿其体肤。每一个人都逃不掉苦难和坎坷的考验。只不过每个人都有自己的苦楚、每个人的苦楚不尽相同而已。

人的一生不会是风平浪静、一帆风顺的，每个人都会经历坎坷和苦难，有顺境也会有逆境，即使再优秀的人，也会有不如意的时候、不如意的事情。所以，千万不要气馁，更不要难过，因为逆境没有人能够躲得过去，而且苦尽才能甘来，挺过了逆境也就迎接来顺境。俗话说，不经历风雨怎么见彩虹？所以说要想成功、要想实现梦想、要想闯出名堂活出个样来，必须要吃得了苦、耐得了寂寞、经受住折磨，百炼成钢，才能化为绕指柔。

我认为，人生需要一些苦难，这样才能激发出自己的潜力。对坚强的人来说，苦难可以转为前进的动力，可以成为成功的助推器。否则，没有丝毫的苦难，整天放任无度的活，很容易会在大风大浪里翻船。

生活中一定会遇到这样那样的不如意、不顺心，甚至是挫折与苦难，只要我们把这些看作是成长路上的养分，就如同把一棵小苗培植成参天大树，不仅需要阳光雨露，还需要寒风霜雪。就像枫叶经霜历雪之后才会更加艳红，就像梅花要经历苦寒之后才会开出鲜艳的花朵散发出浓郁的芳香，就像宝剑都要经过千万次的淬炼才会磨砺出锋利的剑刃……人生也是一样，只有经历了磨难和挫折，遍体鳞伤、伤痕累累，才会光鲜靓丽地登峰造极、获得成功。

话题 3 :

接受成功更要承受失败

面对成功，人们难掩喜悦之情；但面临失败，却沮丧消沉无法接受。但人们忘了，有句老话叫作"失败是成功之母"。雷锋也曾说过："困难里包含着胜利，失败里孕育着成功。"雷锋三次报名参军，两次失败，最后一次还是在他千方百计的努力之下，以"候补名额"的身份才得以实现。即使这样，雷锋也没有放弃，更没有消沉，而是更加的努力。

我们追求成功，要能够接受成功带来的欣喜、荣耀，更要能接受失败带来的痛苦和落魄；要接受人生中的顺意，也要接受人生的不如意。学会宽容，世界会变得更加广阔；忘却计较，人生才会快乐。

为了做大做强企业，为了成就一番事业，我曾在金融知识匮乏的情况下盲目扩张，总想通过努力去改变世界、影响别人，为社会多做贡献，岂不知欲速则不达。在做大做强的过程中，与人合作时出现了问题，使我认识到，积极进取固然好，但一定要量力而行，根据自己的能力和实力，不走捷径，不急功近利，不投机取巧，脚踏实地，按部就班，不急不躁，经受得住考验，方能成功。只要努力、只要竭尽全力，成功也是早晚的事；否则，即使成功，也只是暂时的。

经过多次失败，终于成功的事例很多。德国最伟大的音乐家贝多芬失败了许多次，最后才谱写出《命运交响曲》；失败造就了法国著名小说家小仲马的成功……这些真实的事例告诉我们，失败乃成功之母，失败是成功的先导，失败是成功的基础。只有善于从失败中吸取经验教训，才能获得成功。

很多人害怕失败，特别是年轻人，更不愿意总结失败的原因，学习、吸取失败后得出的教训和经验。其实，要想成功，就必须要学会失败。失败往往是成功的前奏，不付出代价的成功是不可能的，只要坚持不断地勇于实践、敢于失败，成功之门才会向你打开。

　　每个人都渴望成功，但世上很少有一帆风顺的事，在生活中我们会经常遇到失败。从那些成功的事例中我们得知，要想成功就要正确对待失败，从失败中获取教益，从而踢开失败这块绊脚石，踏上成功的大道，没有谁随随便便就能够成功。失败对于一个人来说，它是一种非常重要的财富。失败虽然会给人带来痛苦，但也能使人有所收获；它既给我们指出工作中的错误缺点，又启发我们逐步走向成功。失败既是针对成功的否定，又是成功的基础。无论什么样的失败，只要你跌倒后能够爬起来，那么让你跌倒的教训就会成为你将来成功的宝贵经验。如果能够把失败当成人生必修的功课、当成人生的一种历练，那么距离成功也就不会遥远了。

　　不愿意面对失败与不愿意承认失败，是最大的失败。

　　人生最大的失败不是不成功，而是在失败面前低头！

话题 4：

逆水行舟，不进则退

我们行走在人生的路上，每个人都有自己的故事和经历，很多时候并非一帆风顺。尤其是面对生活的压力、激烈的竞争环境、复杂的人际关系，我们已心力交瘁、疲惫不堪，所以我们经常会焦虑迷茫和无助，加上社会上形形色色的诱惑，让我们眼花缭乱不能自拔。我们经常感到困惑，总觉得自己不够优秀、不如别人，于是越来越焦虑，时常感到不幸福、不快乐、不自信。有人说是生活的压力，也有人说是环境的影响，但我不是这么认为的。

有的人生活清贫却活得乐乐呵呵，有的人事事顺意却仍然郁郁寡欢，这是什么原因呢？说到底是心态的问题，我们的思想意识出了问题。其实人这一生，所有人都是波浪式地前行，无一例外。

一个人最大的敌人不是别人而是自己，战胜自己是成功的重要因素。战胜自己的心，就是心态。逆水行舟，不进则退。"人生不如意事十之八九"，在我们的一生当中有顺境也有逆境。顺境时，开心；逆境时，烦恼；不过是心态而已。所以，我们即使在困境，心也要在顺境。我始终坚信"困难是暂时的"，相信"办法总比困难多"，只要不放弃、不抱怨，以积极的心态去面对，就会找到解决问题的办法。

在我创业的过程中，顺境和逆境给了我很深的体会，当时的我就像坐着过山车，忽高忽低、忽上忽下，跌宕起伏，经过了许多困难、也多次陷入危机，资金链断裂、产品销售不出去、遭遇金融危机、融资贷款无门、因上游企业导致货款无法追回等原因而损失惨重……每次身处逆境的时候，我都深受打击，彻夜难眠，迷惘、彷徨、孤独、无助和恐惧，让我备感疲惫，压得我喘不过气来，甚至一度失去信心，想要放弃生命。可是，后来我想通了，谁不是一边流泪一边艰难前行？谁不是流汗流血还坚持在风雨中奔跑？谁能够随随便便成功？谁不是经风历雨之后才能看见彩虹？

实践证明，所有的困境都会过去，困难是暂时的。不要惧怕挫折、不要畏惧失败，要把困难当作人生路上的垫脚石，要有勇气和担当。正是因为有了应对逆境的积极心态，再遇困境，我也不会迷惘、恐慌、焦虑。保持自己的初心，明辨是非，该做下去的事情不要犹豫，更不要被眼前的浮华迷住眼。

人过半百，经历了许多事情之后，我深有感悟：人生不是一条平坦的路，总会有波峰波谷、顺境逆境。无论得意失意，都要坚守初心、牢记使命、意志坚定，越挫越勇、勇往直前，不气馁、不放弃，在逆境中奋起、在逆境中涅槃；不管是在顺境还是逆境，都要调整好心态，以阳光、乐观、积极的心态，去应对人生的每一次考验和挑战。就像雷锋说的那样："学习愚公不怕困难，敢于斗争，敢于胜利的精神。""要积极肯干，做到说干就干，干就干好，脚踏实地实事求是地干，千方百计地干，事事拣重担子挑，顺利丁得欢，受挫折时也要干得欢，扎扎实实地干，一定要把事情办好。"

　　在你认为不可能翻过的山、爬过的坎面前，千万不要气馁，相信总有过去的那一天。

话题 5：

疫情无情人有情

雷锋在日记中曾写道：人民的困难，就是我的困难。帮助人民克服困难，贡献出自己的一点力量，是我应尽的责任。

2020 年，在新冠肺炎疫情发生之后，我对雷锋应对困难的精神有了更加深刻的理解和认识。无论是在平常的生活中，还是在疫情面前，只要我们发扬雷锋克服困难、战胜困难的精神，就没有什么困难和问题是我们解决不了的。

疫情无情人有情。虽然我们只是民营企业，但我们主动担当作为、履行社会责任，闻讯而动、快速反应，全力做好防控工作，主动打响疫情防控阻击战。为战"疫"贡献力量的同时，我积极奉献爱心，让企业员工、奋战在抗疫一线的人员感受到社会这个大家庭的温暖。抚顺是一座雷锋城，是一座有爱心、有温度、有内涵的城市，我作为雷锋城里的"雷锋人"，更是责无旁贷，须率先垂范。

疫情发生后，我第一时间成立了"疫情防控领导小组"，积极响应国家和省市的号召，全面启动疫情防控应急预案，率领公司全面深入做好疫情防控工作。疫情防控期间，在"一罩难求"的情况下，我让公司千方百计地购买了口罩、消毒液等防护物资，在对公司进行全方位消毒的同时，还无偿给缺少防护物资的员工及家属送去口罩、消毒液等，并承诺随时为出行不便的员工运送米、面、油、蔬菜等生活必需品，消除他们的后顾之忧。

我们公司是辽宁省政府指定的省级疫情防控物资生产企业，按照规定及两位分管市领导的签字允许，公司可以正常生产经营、抢抓春节黄金期获得丰厚利润，可是为了降低感染风险，公司主动放弃了生产经营。在停产一段时间后，特别抚顺疫情为"零"后，辽宁省又发出有序恢复生产的指令，我才决定逐渐恢复公司生产经营。由于公司备足了原料，一接到复工复产的命令后，就迅速组织生产，稳定了市场。

公司复产后，许多离抚外地员工要求返岗上班，面对这种情况，我当机立断，让外地员工继续在原籍休假，暂时不要回抚上岗，并承诺在此期间，公司照发他们工资。

在做好疫情防控的基础上，公司还号召全体员工慷慨解囊，号召全国各地的经销商通过当地组织，为疫情高发地区和参加抚顺疫情防控工作的相关单位捐款捐物、奉献爱心。公司全体员工累计向疫情高发地区捐款捐物价值30余万元，为奋战在抚顺疫情防控一线的街道、社区干部和公安干警送去了慰问品。

灾难面前，考验的不仅仅是我们的应对能力，更是我们的责任心与担当。相信团结就是力量，相信必胜的决心，相信只要有爱一切都会过去！只要我们众志成城、齐心协力，就没有什么困难是过不去的，也没有什么沟壑是逾越不了的！

話題 6：

企业标识背后的故事

不论是家庭的和睦，还是企业的发展，乃至民族的兴旺和国家的昌盛，都离不开文化的支撑、精神的引领，以及自身不屈不挠、锲而不舍的努力和奋斗。我白手起家，创立的企业是历经几十年的苦心经营、不断发展壮大起来的，一直秉承着"诚信、利人、良知、善举"的经营理念，做良心食品、让利于他人、服务于社会，力争做百年企业、创民族品牌。

随着企业的壮大和年龄的增长，对"顺意食品"这个品牌重新设定了标识，在这个标识中，不仅蕴藏着顺意的企业文化，更蕴含着许多的人生哲理，以及人生的感悟。希望通过对这个品牌的诠释和解读，以及企业标识背后的故事，给予人们警醒和提示，让每个人看到标识之后，都能够对号入座、产生共鸣，找到自己的理解，找到自己的幸福。

我始终坚信：有了文化的支撑，任何事情都会长久地发展下去。"顺意"的寓意是顺应天意、顺其自然、顺势而为。尤其是标识中"顺意食品"这4个字最上面的笔画连贯起来，却一波三折，象征着跌宕起伏的人生。人生不会一帆风顺，如同激流，时而顺风顺水，时而波涛暗涌，总会顺流逆流并存。身处顺境，我们要居安思危、平静对待、张弛有度、不骄不躁、敢于拼搏、不断进取；偶遇逆境，我们要坚守初心、牢记使命、意志坚定、越挫越勇、勇往直前、不气馁、不放弃，在逆境中奋起，在逆境中涅槃。不管身处顺境还是逆境，我们都要调整好心态，以阳光、乐观、积极的心态去应对人生的每一次考验。

整个标识的主色基调为暖色调的红、黄和橙三色组成，给人以温暖。无论是事业还是家庭，只有相互支撑、共同进步，才能抵达人生的巅峰、家庭的和谐，成就美好的人生；"顺意食品"4个字相连，有如人与人心手相牵、通力合作、互相成全，才能达到成功的彼岸。这 4 个字组合在一起就像一座漂亮的房子，也寓意着一个和谐的家庭，每个家庭成员都要用心经营家庭，互相理解、互相包容。只有家庭和睦了，才能事事顺心、和谐幸福。

为什么标识中我的头像是微笑的呢？如果你足够细心的话，你会发现，雷锋的每张照片里，他都是微笑的。即使生活再苦难，我们也要像雷锋一样面对苦难与挫折、坎坷与困境，都要笑对人生。现在人们压力增大，心烦意乱、心情浮躁。标识中笑对人生的"我"，想要告诉大家，无论生活以怎样的面目出现，都不要乱了阵脚，要一直面带微笑、笑对人生。心若烦躁了、乱了，一切也都跟着乱了。这个世界不是有钱人的世界，同样不是没钱人的世界，这个世界是有心人的世界。只要驾驭好自己的内心，不心猿意马，平静地对待一切事情，世界就是你的。我们更要拥有强大的内心，不要被挫折所打倒。心小了，小事变大了；心大了，大事就变小了。

从创业之初到成立公司再到"顺意"品牌，经过了 36 年的磨砺，其中甘苦冷暖，如人饮水，唯有自知。不管是做人还是做企业，我都坚持以诚待人，讲诚信、重承诺，做好本分，不奢求太多。得到太多人生就会显得臃肿，所拥有的一切就会成为负担，生命无法带动，而一生不得轻松，失去了内心的自由和富足。过于沉重的生命，人生就会留下遗憾。

更不要用自己的生命去换取金钱和名利，到头来一定得不偿失。"天下熙熙，皆为利来；天下攘攘，皆为利往。"普天之下、芸芸众生，为了各自的利益而奔波，为了利益蜂拥而至，为了利益各奔东西。追名逐利虽是人之本能，但不能把利益看得过重，要懂得让利于他人，有利益要与他人分享。

利可共而不可独。人都会趋利避害，有利益有好处的地方，往往大家都盯着。如果有人独占了利益而不与大家分享，那么一定会招致怨恨，甚至成为众矢之的，会留下后患，结果就是通常说的"独利则败"。所以面对利益要懂得权衡利弊，拿自己该得的，甚至有时候为了避免后患，舍弃自己部分利益。

利人，既有看淡利益、让利他人的宗旨，又有顶天立地、诚实守信的意思。每个人都在追求利益，为利益而争。岂不知，让利他人，皆大欢喜。利人即是利己，如果大家互相让利，都不去争利，那样每个人心情都会愉悦，人与人之间也会和睦相处，社会自然和谐稳定，日子也会越过越好。

良知，是底线，是操守，是做人的根本，没有什么都不能没有良知。有了良知，诚信会如影随形，善举也会自然为之，利人更是水到渠成。"诚信、利人、良知、善举"是我的人生信条，也是我创办企业的理念，还是我企业的文化精髓。

年少不明其中意，读懂已是不惑年。大到一个国家，小到一个企业、一个家庭，都要有文化、有思想、有灵魂。如果没有思想，就等于没有了灵魂。不管是国家，还是企业、家庭，都要有文化的支撑、思想的引领，才会有发展，走得远。这个标识，就是我们企业的文化、思想、灵魂所在。

当一个人经历了许多事、参悟了一些人生道理和人生感悟之后，总希望引以为鉴，给社会以提醒、给他人以帮助。雷锋说："一个人只要他不存私心，时时刻刻考虑人民的利益，全心全意地去为人民服务，他就能成为一个道德高尚的人。"希望这个标识背后的故事和里面蕴藏的深意，给你以启迪；愿我们都能秉承这个标识美好的祝愿，成为道德高尚的人，幸福快乐的人。

为了得到更多人的认可，我不但由雷锋精神延伸出了企业文化，我还在公司内部进行"顺意雷锋人""顺意雷锋团队"的评比，通过诚信、利人、良知、善举这 4 个方面，来考察员工学雷锋、做雷锋、讲雷锋的成果。被评为"顺意雷锋人"的员工除了升职、加薪、发奖金、给福利等奖励之外，我还培养和鼓励员工将学雷锋的心得体会、对雷锋精神的理解通过"雷锋大讲堂"宣讲出去，吸引更多人来学雷锋、做雷锋，使其真切地体会到学雷锋、做雷锋的好处和实惠，不能让好人"吃亏"。

家是休养生息承上启下的地方

话题1：

家和万事兴

　　有房子不代表就有家。家，不是房子的大小，而是房子里是否有欢声笑语、有人气。人一生所经历的苦难、委屈与隐忍，唯有家才能治愈。家，是一个人心灵栖息的地方，它能带给人温暖，也能给予人力量。家，是社会的细胞，一个家庭的和谐温馨，不仅关系到一个人的成长发展，还关系到社会乃至整个国家的前进与稳定、兴旺与发达。所以，从古至今，人们都在倡导"家和万事兴"。但一个家庭的和谐、温馨，需要所有家庭成员来共同维护。

　　和谐的家庭关系中，最重要的是夫妻关系的和谐。

因相爱而走到一起，并且走进婚姻组建家庭的青年男女，在婚姻中不再是两个单独的个体，而是息息相关、荣辱与共的整体，不论是对内相互关怀、互相体谅，还是对外表现出来的步调一致、"三观"契合，所体现的不外乎是对彼此的宽容、理解和信赖。和睦的夫妻关系，不仅有助于家庭的和谐，更有利于子女的健康成长、家族的和睦兴旺、事业的顺利亨达。

夫妻一体，同心同德、患难与共、相互扶持，既要能共同吃苦，也要能共同享福。所谓的"夫妻本是同林鸟，大难来临各自飞"的老话，说的根本不是真正的夫妻。真正的夫妻，不会那么功利，只会想着尽己所能地对对方好，两个人携手并肩共同成长，再共同改变生活、改变命运。在创业的过程中，我的妻子跟着我没少吃苦，但她从不抱怨、从不后悔，因为只要夫妻同心同力，一定会无往而不胜，没有什么解决不了的困难。

夫妻恩爱幸福美满，对于子女也是很好的榜样，也会引导孩子树立正确的"三观"和婚恋观，才不会受到通过婚姻来获取金钱地位、荣华富贵的不良婚恋观的影响。

夫妻恩爱幸福美满，还会对整个家族起到促进作用，父慈子孝、兄友弟恭、家族和睦。从家庭到家族再到家邦，由小到大，道理都是一样的。家庭美满了，家族也就和睦了；家族和睦了，社会也就和谐了，道理浅显，就像雷锋的集体观一样："一滴水只有放进大海里才永远不会干涸，一个人只有当他把自己和集体事业融合在一起的时候才能最有力量。""一朵鲜花装扮不出美丽的春天，一个人只是单枪匹马，众人才能移山填海。"其实每一个家庭都是一个小集体，不论这个集体是大是小，只要团结一心、心往一处想、劲往一处使，不论是我们的国还是我们的家，必然会民富国强、繁荣昌盛。

每个人在这个世界上，会同时扮演着不同的角色，而且每天都在变换着自己扮演的角色。就拿我来说吧，我既是孩子的父亲，又是妻子的丈夫，还是父母的孩子、兄弟的手足，除了这些家庭的角色，我们还有许多社会角色：员工的老板、为民代言的人大代表、服务大众的志愿者……无论是什么角色，我们都肩负着使命和责任，我们必须要尽心竭力去做好自己的分内之事，不让自己留遗憾。珍惜夫妻、亲人之间的缘分，相互依存、相伴依靠，方能走得长远；珍惜自己的家，家和万事兴，一家人完完整整、亲亲爱爱地在一起，那才是真正的家。

话题2：

幸福很简单

欲求少、贪念不多，这样活得简单，自然就更容易幸福、快乐。

看到身边的朋友，为了工作透支健康；为了生意四处奔波，放弃陪伴家人的机会；为了升官发财，加着没有必要的班、做着违心的事、说着言不由衷的话……所以，越来越多的人感到累，感到不幸福不快乐。其实追根究底，之所以会感到累、感到不幸福，就是因为我们根本没有真正地认清自己。以为是在追寻幸福的路上，其实是在毫无意义地为了虚荣而攀比，这样跑得越快，离幸福越远，自然也就感到越累。

我们要经常梳理自己的生活，看看哪些是我们已拥有却被忽视的，哪些是我们得不到却苦苦追寻的。那些被我们忽视的一旦失去，会不会令我们追悔？那些苦苦求来的一旦拥有，是否值得去珍惜？思考过后，或许你就会明白你正在做的是什么，有没有选择了错误的方向，如果选错了方向，一定要及时调整，幸福才会来敲门！

很多年轻人认为社会复杂多变，初入社会便急于与单纯、简单划清界限，以此来应对未知的社会。可社会真的很复杂吗？不是的。复杂，只是我们所加注的想法而已。心若单纯，世界怎么会不澄清？

人应该有所追求，但不是追求所有，要量力而行，有些东西是要做出取舍、做出选择。我们应该静下心来好好地审视自己，看看是不是忽视了一些曾经拥有的。生命中有太多的美好，有些东西是不值得我们放弃健康、透支生命去追逐，比如金钱、权势；有些东西一旦失去，定然会让人扼腕叹息、追悔莫及，比如说你的亲人和你的爱人。如果你忽略了这些宝贵的东西，那就不是在追寻幸福，而是被幸福所负累。

不要虚荣、不要攀比。每个人的能力不同，家庭背景也不一样，能力水平自然会有差别。所以说，要根据自己的能力去追逐梦想。不能为了梦想去强求，不能为了虚荣而牺牲自己的幸福。人这一生不容易，在短暂的一生中，怎样才能在奉献社会、追逐梦想的过程中找到自己的幸福？这不仅考验每个人的智慧，也在考验着每个人的定力。

让自己成为人们所需要的和亲近的人，这是生活中最大的享受、最高的喜悦。因此，一个人追求的事物，如果不值得永远珍惜，那就不是在追寻幸福，而是在追寻虚荣。如果追寻的方向出现了偏差或者是错误的，就应该及时做出调整。幸福是一种独特的属性。只有方向对了，目标才不会出错，才会获得幸福。

每个人都在羡慕别人的幸福、成功，殊不知，其实幸福很简单。幸福和快乐不是用金钱来衡量的，也不是以社会地位为标准，更不是要从衣食住行来体现。幸福、快乐的及格线其实很简单，那就是帮助了多少人、影响了多少人、改变了多少人、对社会做出了多大贡献。

之所以会有这样的评价标准，那是因为我对幸福有了自己的理解和感悟。我们怎样才能幸福呢？首先要有清晰、可行、充满正能量的目标或梦想，并且为了这个目标或梦想而不懈地努力、奋斗。其次，在追求梦想、实现目标的路上，我们要接受成功，更要接受失败，因为失败往往多于成功，甚至会一直处于失败的循环往复之中，而看不到成功的迹象。即使这样，也不要放弃，因为只要你不停地努力，你就是在一步步地接近成功、实现梦想，千万不要在即将成功的前一刻失去信心和动力。

再有，不攀比、不虚荣、不贪婪。现在生活条件好了，为何都不幸福？不是因为贫穷，而是因为社会上的各种诱惑，勾起了我们的贪念。攀比虚荣之风盛行，在攀比虚荣之中感觉到不幸福不快乐。如果不控制欲望，我们永远得不到幸福，因为在我们身边总会有超过我们的能人，如果习惯于比较，习惯于攀比，怎么会不让我们心生失落呢？

生活中我们要学会控制欲望，控制欲望就是要控制个人的心——贪婪心、虚荣心、攀比心。如果不控制欲望的话，欲望就会无限膨胀并永远得不到满足。这个欲望满足了，新的欲望又出现了，欲望是个无底洞。我们不能被欲望牵着鼻子走，如果不加以控制，欲望会像个魔鬼一样更加地张狂，最终会把我们撕得鲜血淋漓、痛不欲生。

有人会说，欲望是人的本性，因为有欲望才会有前进的动力，激励人们前行。我所说的需要控制的欲望，是超出自己需求的东西。其实每个人都离不开欲望的诱惑。饿了吃饭渴了喝水是正常需求，饿了却要吃鲍鱼龙虾、山珍海味那就是欲望。有时欲望与梦想容易混淆。我觉得欲望也有高低之分，初级欲望是饮食生活的小享受；中级欲望是精神艺术与权力的享受；高级欲望是对灵魂自由的追求。我们控制欲望实际上就是掌控好欲望的度。

面对欲望的考验，我们不要做欲望的奴隶。有的人认为吃喝不愁、有豪车有别墅、钱多得花不完，这就是追求就是理想。其实，想想都很可怕，因为你的房子再大也会有比你更大的，你的钱再多也有比你还多的；你的房子再大你睡觉也就用一尺宽，钱再多你也就是一日三餐、穿一身衣服、开一辆车。不是有了房子，就有家就会幸福，更不是有很多钱，就可以买来亲情、爱情、友情，更加买不来快乐、健康和幸福。所以说，学会追求梦想，但更要学会控制欲望。不然的话，我们会滑向欲望的深渊，成为欲望的奴隶。

想要幸福还要懂得知足、感恩、敬畏和欣赏。懂得知足，也就是控制欲望、让自己满足，知足才会常乐，那样幸福还会远吗？人要拥有感恩之心，乌鸦尚知反哺、羊羔还要跪乳，动物尚且如此，何况人呢？感恩，是做人最基本的良知。心中要有敬畏，敬畏是底线，敬畏是人生的大智慧。曾国藩讲，心存敬畏之心，方能行有所止。如果一个人不知敬畏、什么都不怕，那他就会肆无忌惮、为所欲为、无法无天，什么都敢做。没有了敬畏之心，距离失去自由乃至生命也就不远了，早晚会吞下自酿的苦果。懂得欣赏，是一个人最美好的品质，每个人都不会十全十美，都是不完美、有缺憾的，懂得欣赏，会让你看到别人的长处而忽略他的短处，取人之长补己之短，这就是欣赏的魅力所在。

林语堂对幸福的理解是："幸福很简单。一是睡在自家的床上，二是吃父母做的饭菜，三是听爱人给你说情话，四是跟孩子做游戏。"平凡里埋藏的，才是真实幸福。如果你已经得到幸福，那么我恭喜你！相信你在追求幸福的过程中一定经受住了苦难、坎坷、挫折的考验，鲜花和掌声的考验，成功期待的考验，欲望的考验，甘于平凡的考验。追求幸福其实很简单，却蕴藏着深奥的人生哲理，不知你是否已经体会到?

话题3：

百善孝为先

作为一个企业家，我经常和生意人打交道，我发现一个有趣的现象：如果对方获悉我是重视家庭、孝顺父母的人，就会很愿意和我合作，生意谈成的概率就特别大，尤其是初次见面、交往不深的合作者。当我问及原因时，他们告诉我，一个人讲不讲诚信、讲不讲信用，光听旁观者和当事人说是不够的，还要看他对家人、对父母的态度。如果一个人连自己的家人都不爱护、对自己的父母都不孝顺，你会相信他是重诚守信、信守承诺的人吗？你还会和他做生意、谈合作吗？

确实如此。古人有言：百善孝为先。无论一个人对他人多么的友善、多么的乐于助人，但对父母都不孝顺，何谈善心？全都是扯淡。

尽管我对父母的孝顺、兄弟的友善，不是为了获取别人的信任、谈成合作生意，但我却非常认同这个观点。因为我也是在不知不觉中去评价、衡量、选择、选拔我的亲朋好友、合作伙伴、下属员工，甚至是陌生人。

我家里兄弟五人，我排行老三。在我刚到抚顺打工的那段时间，我把每月的工资全都邮寄回家里，贴补家用，缓解父母的压力。而我吃住在打工的饭店里，生活条件可想而知。在我创业阶段，自己开了一家小饭店后，我又先后将弟弟和大嫂招到我的饭店帮忙，接济他们生活的同时，他们也帮助我打理饭店。等我成家立业、独立门户，有了自己的企业之后，我又将父母接到身边赡养，让弟兄到我的企业工作，一同创业，改变全家人的生活条件。

也许有人会说，你成功了，有自己的企业，也有了经济基础，当然有条件赡养父母、接济兄弟。其实，我不仅给父母提供了优越的生活环境，让他们安享晚年，我还一有时间就去父母家，陪伴他们，哪怕是和他们说说话、聊聊天。母亲一生劳碌，即使现在的生活不用她做什么，可她还是闲不住。为了让父母感受到自己活着的价值，我总是让他们给我做一些食物，说那才是"妈妈"的味道、"家"的味道，在哪都吃不到，哄他们开心。他们也乐此不疲，每每打电话都问我什么时候过去，享受来自儿子的孝心与带给他们的乐趣。

我想说的是，孝顺父母并不难，难的是你想不想做、愿不愿意去做；不一定给钱、给父母提供优越的物质生活就是孝顺。有的人，觉得每月给父母钱就是孝顺，我却不敢苟同。父母养我们长大，我们陪父母变老。在让父母不为物质生活所苦的同时，满足父母的心理需求，不让他们感到孤独寂寞，不让他们觉得自己无用，不让他们活得那么无趣，这才是为人子女应该尽的孝心。

作为父母，在众多儿女中难免会心疼、关爱比较弱势的或者与自己性格接近、讨自己欢喜的儿女，因为人的心本就长偏了，所以作为儿女的我们，不要责怪、抱怨父母的偏心，这都是人之常情，要理解父母、谅解父母，即使父母与儿女有远近之分、有厚薄之待，也要善待、包容父母的"不公平"。不要计较太多身外之物，毕竟父母给了我们生命、养育我们成人。父母在，我们尚有来处；如果父母不在了，哪里还是我们的家？我们有的，只是归处。所以，不论父母脾气暴躁，还是厚此薄彼，或是愚笨贫穷、观念落后、年老体衰、久病床榻，我们都要包容他们，包容父母不是完人、有这样或那样的问题；无论父母如何，我们都要去爱他们、孝敬他们、尊重他们。

如今，从上而下提倡家风家教，孝顺也是需要传承的。我并没有对我的儿女进行说教，但他们看到我和妻子对父母的所作所为，耳濡目染的他们也懂得了体谅父母的不易，知道了感恩父母的给予，学会了关爱父母之需。这让我感到欣慰，有什么能比言传身教更有效的传承和教化呢？

我企业产品的一个代理商，他的父亲因小脑萎缩瘫痪在床，生活不能自理，他每天一边照顾生病的父亲一边挨家挨户地送货。他的孝心感动了我，为此，我给予他格外的关照，不仅在他进货价格上给予优惠，还想方设法给他提高待遇，还给他颁发"顺意雷锋人"

证书在精神上鼓励他。同时，在企业、社会引导人们孝顺父母、积德行善，积极营造"好人有好报"的氛围，弘扬雷锋精神、传递正能量。

除了这位代理商，我们公司所有的员工、代理商、经销商中，每年都进行"顺意雷锋人""顺意雷锋班组"的评选，表彰先进个人和集体。对诚实守信、乐观向上、乐善好施、品德高尚的人都会给予精神的表彰和物质的奖励，让辛苦的人心不苦、让好人都有好报。反过来，那些人品不好、喜欢投机取巧、心胸狭隘的人，我也会对他们进行批评教育，甚至不给他们提供机会限制他们的发展。

夫唱妇随、父慈子孝，家庭的和谐温馨，让我充满了奋斗的力量和拼搏的勇气。这就是人们所说的"家是港湾，是温暖的源泉，是我们休养生息的地方"，我深得其精髓且受益匪浅。希望每一个人都能给家助力，也都能从家获取力量。

话题 4：

养不教父之过

　　现代许多父母因为孩子的教育问题争论不休，甚至有的父母觉得孩子生下来给他提供吃提供穿就可以了，教育的问题那是学校和社会的事，与他们无关。其实，我却觉得，既然生下了孩子，就要养好他更要教好他，不仅要教会他生存的技能、适应社会的方法，更要教会他做人的道理。相较于学校教育、社会教育，家庭教育在一个人成长过程中更加重要，家长才是孩子的第一任老师。所以，作为父母的我们，难道不觉得肩负的责任与使命何其重大？因为，我们教育的好坏，直接关系到我们的孩子是否会健康成长，小觑不得。

　　中国的家长，往往强加给儿女太多的希望：这个要成龙、那个要成凤，甚至还要求尽早成龙成凤。其实，作为父母，我们只要把孩子的优势、长处发挥到极致，那么，每个孩子都是人才、都是精英。只不过每个孩子的特长不同，我们要因材施教。教育的目的，是让孩子健康、平凡、幸福、快乐，不一定要成为谁，成为像谁一样的大人物，或是成为这个"家"那个"家"。不要以金钱的多少、权力的大小作为成功的标准，更不要拿自己家的孩子和别人家的孩子比，基因不同、环境不同、经历不同、智商情商都不同……父母更不同，父母都是平凡人，如何要求孩子是超人？如果孩子之间比较父母，父母也会自愧不如。因此，教育孩子，也应遵循自然法则，不要过于强求、拔苗助长。雷锋就是一个普通人、平凡人，他没有让自己长成谁，但他干一行爱一行专一行，在工厂是标兵、在军队也是楷模，而且他还随时随地地做好事，他不成功吗？他不幸福吗？我想答案不言而喻。

　　教育孩子如同种树苗，不要急于使其长成参天大树、成为人才。其实每个孩子都像一朵含苞待放的花朵，但每个孩子的"花期"不同，不能要求他们千篇一律地抽芽、长叶、开花……人生是长跑，不是短跑。好看的皮囊千篇一律，有趣的灵魂万里挑一，我们不要像工厂制作产品一样，把孩子培养成千人一面，像从一个模子里出的一样，而是要让孩子放飞自我；充分展现出自己的与众不同，只有因材施教培养出来的孩子才会各有千秋。看看我们现在的有些教育，扼杀了孩子们的想象力，折断了他们思考的翅膀，让他们在"圈养"之下，渐渐地丧失了学习、思考、想象的能力，以及独立的个性，只能依靠现有、既定的模式生存、生活。有的家长，以"分"论英雄、唯分论、分数至上。只要孩子学习成绩好，就任其衣来伸手、饭来张口，把孩子惯得生活不能"自理"，成为"巨婴""妈宝"，甚至有的以牺牲孩子的健康为代价，真是得不偿失啊！

三十而立，四十不惑，五十才知天命。这句话经过两千多年的检验，是对人生成长历程非常正确的描述。每个人对于某件事情的看法，不同的年龄段的人看法有很大的不同，而且年龄越大，对于某些事情的看法越全面、客观，说明我们越来越成熟。成熟了，才算是成才；成才了，才会有成绩。一个人只要在某个方面有天赋，经过长期的努力，把事情做好，做到极致，那自然而然地就成器了。每个人的最佳天赋，只能在一个方面，清楚自己的天赋，努力地坚持下去，无论生活境遇怎样，都坚持不懈，只有这样，才有可能实现最后的成功。

人的天赋和性情基本都是天生的，做父母的，只需为儿女的成长提供健康平安的环境即可，教会他们"仁义礼智信，温良恭俭让"的做人道理，让儿女在爱的包围中由着自己的兴趣去成长，即使没有什么特殊的天赋，通过辛勤的劳动，拥有平安幸福的生活，将平凡的生活过好，也未尝不是一种成功。成长比成功重要，选择比努力重要，方向比速度重要，前景比背景重要……成功，是外在的评价标准；成长，是内在的生命需求；成功是阶段性的，成长是持久性的；成功，不是为了炫耀，而是为了照耀，用我们的正能量之光，照亮黑暗，给人以光明，给人以温度。让我们的孩子都成长为这样的人，我们的国家、我们的民族就会有希望。

话题 5：

良好的教养是一个人最美的
精神长相

　　爱美之心，人皆有之。我们往往会通过一个人的外表去评价这个人的好坏，不论是男人还是女人，也不论是老年人还是年轻人甚至是孩子，大家都喜欢美的事物以及美的人。但一个人的好坏，不只是通过外貌就可以做出评判的，还要看这个人的人品、举止言谈、所作所为……而这些内在的东西所体现出来的是这个人的教养。这就是人们常说的心灵美。

　　教养，确实是个好东西，但不一定所有人都有。教养，就像是吃饭，需要一点一滴地积聚和养成；但不是所有吃过饭、喝过墨水的人就有教养，它与学历、学识、成长经历、权势、富有等统统不成正比。举手投足之间，所体现出的教养是耳濡目染、潜移默化、滴水穿石之功。人们都说相由心生。确实，正义、善良、真诚、感恩、宽容、豁达、乐观的人总是慈眉善目、和蔼可亲，令人顿生好感。因此，良好的教养是一个人最美的精神长相。

那么，到底什么是教养呢？教养是表现在行为中的道德修养状况。它是社会影响、家庭教育、学校教育、个人修养的结果，特指在家庭中从小养成的道德水准，属于他律教化显现。良好教养虽然不是金银财宝，但可以显示心灵的层次。它的外在表现有很多形式，例如待人亲和、与人友善、尊重他人、善解人意、将心比心，甚至只是说话，都能体现一个人的教养。

人与人交往，说话在所难免。会好好说话既能让人精神愉悦，又能进行感情交流。一个人会不会好好说话，是有没有教养的最直接体现。会好好说话就是能顾忌对方感受，尊重他人。人和人相处，兵戎相见的时刻并不多，而微小的摩擦却经常存在，很多时候就体现在不能好好说话上。同事向你征求意见，你一句"你问我我问谁呀"就可能破坏了你们的关系；妻子问你话，你一句"没看我忙着吗"就可能引起争吵。父母叮嘱你几句，你不耐烦的一句"都说八百遍了，耳朵都磨出茧了"，就可能伤了老人的心。

每个人都有心情不好的时候，这个时候就更需要好好说话了，因为这时候你的表情没有平时和善，语言生硬，只会把你的负面情绪传递给别人。作家刘震云曾说，人生在世说白了也就是和七八个人打交道，剩下的人也许只是点头之交、泛泛之谈。不好好说话伤害的就是你最亲密的人，他们也是最爱你的人。

好好说话其实也包括那些倾听者。你说我听、我说你听，这才叫说话和沟通。和一个好好说话的人交往，他的语言不必热烈动人，也能让人如沐春风；他的话不必慷慨激昂，却如涓涓细流，深入人心；他不需要长篇大论，却能以情动人。

可见，说话就是一个能体现出教养的大学问，你说教养对于一个人来说，重不重要？教养是文化和品德的修养，不单单表现在言语动作谦虚恭敬礼貌，最重要的是由内而外地对他人的尊重和理解、善待与包容。有着良好教养的人就像是春天里的一朵花，令满园盎然；或是一杯清香的茶水，令人宾至如归。

　　思维决定高度，尊重他人，不仅要正视别人的优点，还要不吝啬地去欣赏、接纳、赞美；尊重他们，也要对别人与众不同的地方不排斥、不藐视、不贬低，不以貌取人、不戴有色眼镜看人。

　　因为，一个人要注重外表形象的美丽，更要注重内心的美好，而教养，就是一个人最美的精神长相。

话题 6：

甘于平凡做个普通人

　　一个人要接纳自己的缺陷、错误和不完美，承认自己的普通与平凡，这样才能够改变。我们在接受自己的不足和缺点的时候，也要看到别人的长处和优点，千万不要只记得对方的缺点，那样你自己不快乐，也会让别人不快乐。

　　生而为人，我们要学会看透，接纳自己的平凡。我们就是个普通人，就像走在大街上的人，有公务员、教师、工人、学者、生意人……都是普通得不能再普通的人，在自己的工作岗位干一辈子、直到退休。许多人也许会想要成为杰出人物，但千万别迷失方向、迷失自我，要尽最大的努力去追求，但不要强求。其实，我们活得平凡但是有意义，这样简单的生活也不失为一种幸福和快乐。

甘于平凡、做个普通人，也没有什么不好的。凡事不能强求，当我们无法改变自己也不能说服别人的时候，还可以选择离开。我们都是凡人，要顺应这个社会，尽管这个世界有时很现实很残酷，但我们要学会宽容。不论生活以什么的面目出现，我们都要坚守自己的底线。

人们常说，鱼和熊掌不可兼得。确实如此，不可能所有的好处都是你的。所以要学会权衡利弊、学会放弃，更要学会接受命运的残缺和不完美，世界上没有完美的人生，其实不完美才是真正的人生，才是人生的常态。

人生几十年，生活中我们积极进取、努力前行，尽人事听天命，有时候更应该学会适当地放弃。放弃，不是放弃追求，不是放弃希望，而是放弃欲望。放弃是一种胸怀、是一种成熟、是一种智慧。人无完人，金无足赤。懂得取舍、学会进退，这才是理性的生活。

我们不要去羡慕别人，每个人都是独一无二的风景。如果你是一条鱼就不要羡慕飞鸟在天空翱翔；如果你是一只鸟就不要嫉妒鱼在水中畅游，你有你的幸福他有他的快乐。我们不要总是羡慕别人，其实有的时候我们也是别人羡慕的对象。

每个人都想要成功，可成功哪会那么容易和简单，不是你努力了、奋斗了就能够成功的。成功需要天赋的。我所说的天赋，是你的 DNA 所决定的。一个新编的寓言故事就说明了这一点；一只老鹰忽悠一群刚长成的小鸡，告诉它们，不想成为像雄鹰那样翱翔蓝天的小鸡，不是有理想的小鸡。于是，就有勇敢的小鸡第一个从悬崖上飞身而下，练习飞翔。然后，老鹰就可以吃到从悬崖上飞下来摔死的小鸡了。故事很现实也很残酷：有些人注定会一生平凡，注定就不是能翱翔蓝天的那块材料。你怎么办？你除了接受现实还能怎么办？难道真的撞得头破血流也不承认吗？

我还想成为比尔·盖茨、沃伦·巴菲特这样的人物呢，行吗？人要有自知之明，要接受自己的平凡。但平凡，不是无为、不是平庸。你可能一生都是一个平凡的人，但你在平凡的岗位上默默无闻地工作了若干年之后，你会发现你也是很有成就很有价值的。坚持把简单的事情做好，就是不简单！坚持把平凡的事情做好，就是不平凡！所谓成功，就是简单事情坚持做、重复做、用心做，在平凡中做出不平凡的坚持！

人生需要努力，但未必一定要成功。尤其是父母，一定要懂得人活着的意义并不是成功；在付出努力之后，你应该允许你的孩子一生平凡。

你觉得自己一事无成，但是你在别人眼里可能是一个智者；你可能被所爱的人抛弃了，但你在爱你的人眼里却是珍宝和勇者；你可能觉得自己不够完美，但对于身体残缺、智力缺陷的人来说，你却足够健康；无论你对自己多么不满意，世界上都会有人在羡慕你，希望能够成为你。

活得平凡也一样有意义。雷锋就是平凡人，他只是一个普通的战士，但他把平凡的事做成了不平凡，谁还能说他平凡、普通？所以说，不怕你平凡、普通，就怕你不做事。想做事再平凡也能干成事，不想干事处再高的位置也干不成事。把平凡做到了极致就是不平凡，这样的人生和活法才有意义。所以说，我们要接受平凡，接受父母的平凡，接受自己的平凡，接受子女的平凡。接纳平凡，享受平凡之美。

虽然我们是没有多大能力的平凡人，虽然我们不能像太阳那样普照大地，但我们可以是微弱的烛光，能照亮一寸土地就照亮一寸土地。星星之火可以燎原，希望在我们共同努力下，以平凡之躯发不平凡之光，用我们的实际行动去影响身边的每一个人，让每个人都能感触到社会的温暖。

阳光总在风雨后

话题 1：

面对失败不能消沉

　　无论是生活还是工作，我们都会遇到这样或者那样的困难和失败，仿佛天塌下来似的。其实困难和失败并不可怕，可怕的是有些人遇到困难就退缩、面对失败就消沉，困难、失败、挫折，都是在考验我们的意志和耐力。挺过去了，你就成功了；挺不过去，就永远处于低谷无法翻身。

　　俗话说得好："井无压力不出油，人无压力轻飘飘。"小时候，老人经常说，要看一个人未来是否有成就，就看他身处低谷时的态度。人在囧途时，有压力的人会很沉稳，一步一个脚印，稳扎稳打。而那些浮夸的人，却想一步登天，等着天上掉馅饼，爬坡过坎的时候总想着停步不前，为自己的懦弱、懒惰、灰心、气馁找各种各样的理由。

你以为只有你最累、你最难，其实谁不累、谁不难？想想爬山，走上坡路，能不累、能不难吗？下坡容易，不用费力气就到山底，同时就到了人生的谷底，想再翻身、重新再来，那就更难喽。走下坡路，自然很轻松，水往低处流嘛，几乎随随便便就能做到。而走上坡路是什么？就是人往高处走。人这辈子，本身就是压力和痛苦并存的过程，就如某名人所说的"痛并快乐着"。如果人感到压力很大，而且还能撑下去的时候，其实就是在走上坡路。

你看那些爬得越来越高的人，越来越少，因为他们在爬坡过坎的时候能够坚持下来，也就淘汰、甩掉了那些没能坚持下来的人。到达山顶、人生巅峰的人就更少了，几乎是凤毛麟角。他们看到更多的风景、享受更多的荣耀，接受别人的仰视和羡慕，甚至还有嫉妒。其实，你也可以成为这样的人，只要你不惧失败、不在失败挫折困难中沉沦，不一蹶不振，你终会成功。要发愤图强，敢于往更高的层次前进。

很喜欢一句话："人到了低谷的时候，不管怎么走，都是走上坡路。"能不能走上坡路，不清楚。只清楚一件事，那就是"人生苦短须尽意"。这里的"尽意"并非说事事享乐开心，而是在人世间留下一些足迹，等老去的时候回想起来，努力过就不会后悔。

人生路上，身挑重担，这些"担子"，能成就一个人，更能让人走上坡路。而面对挫折和失败时，要放宽心，对成就和得意保持平淡。当前社会上出现"佛系"人，似是无欲无求，但真正的"佛系"是努力奋进却不争强好胜、急功近利。

30多年的创业、经商之路，让我经历了许多困难和挫折，也面临过许多失败和困惑，但只有经历过，才更有感触、更有体会、更有发言权。来抚顺打工的艰难、创业时的艰辛、被人误解的失落、失去两位亲人的痛苦、资金无法周转的无助……大起大落之间，我曾患上抑郁症，也曾想到过自杀。是雷锋的苦难史和成长史激励了我、点醒了我，唯有坚持，才能走出失败的阴影，走出目前的困境。一次又一次地从低谷走向巅峰，由巅峰再次跌入谷底，犹如过山车一样的人生，也让我懂得无论身处何种境地，都要让自己的心变得淡然，不急不躁、从容应对，相信总会否极泰来，这是事物发展的必然规律，我们改变不了，唯有顺从。但顺应天道，不是不努力，不是灰心丧气，不是消沉放弃，而是只问耕耘，不问收获，调整心态，做好自己。

人要走下坡路，自然可以急躁。可人要走上坡路，就必须顺其自然，随遇而安。一个不断向上攀爬的人，就像在走独木桥，走得太慢，容易没后劲；走得太快，容易摔跤。唯有淡然面对，才能从容不迫、恰到好处。所以，我非常喜欢一个词："细水长流。"唯有让水慢慢流，才能不断地缓缓流去，如此，才会有流向大海的那一天。

越是走上坡路的人，他们的心就越是淡然。得之坦然，失之淡然，不困于心、不扰于情。把自己的心练成无坚不摧的钻石，既能抵御外物的侵扰，又能闪闪发光。所以说心急不得，心急吃不了热豆腐啊！

雷锋对困难、失败、挫折的比喻可谓形象："在我们前进的道路上，不可能不遇到困难。这些困难的实质是'纸老虎'而已。问题是我们见'虎'就逃呢，还是遇'虎'而打？"希望大家都能像雷锋一样，在面对困难时表现出从容与淡定；更希望每一个人在自己人生当中都能成为雷锋式的"打虎英雄"。

话题2：

安逸会消磨人的斗志

人的一生一直跑在追求理想、实现梦想的路上，而这条路并不是康庄大道、开满鲜花，而是荆棘密布、沟壑坎坷。即使是没有远大理想的普通人，也要为了养家糊口、安身立命、幸福生活而辛苦忙碌。那些透支着体力却依旧劳作的农民、办公室里饿着肚子汇总资料的公务员、做小买卖的生意人、在有空调的写字楼里不停敲着键盘的打工者、三餐不继连夜赶稿的编辑记者、夜深人静还在寒窗苦读的学子……谁不是一边吃苦、一边成长，一边奋斗、一边努力地活着？

我17岁就离家独自到辽宁抚顺闯荡，吃过的苦、遭过的罪，并没有让我退缩，而是成为我前进的动力。"我愿在暴风雨中——锻炼自己，不愿在平平静静的日子里度过自己的一生。"雷锋也用这样的话来时刻激励自己，即使身处安逸的生活，也要经风历雨，磨炼自己、鼓起斗志。

年纪轻轻本该是奋斗的时候，不要害怕辛苦，你现在吃的苦，都会照亮你未来的路。人如果太安逸了，很快就会废掉。再有理想、有抱负的人，如果安逸得太久了，也会迷失方向。安逸的生活不是一个人的福气。太安逸的人生则是一场灾难。所以，年轻人，千万不要在该奋斗的年龄选择安逸的生活，更不要在该奋斗的年纪去选择偷懒。只有度过了一段连自己都感动的日子，才会变成那个最好的自己。

有人说："当你没有上进心的时候，你是在杀人，你不小心，杀了你自己。"一个人一旦习惯了安逸，没有了奋发向上的勇气，终日无所事事，安逸的生活就如同温水煮青蛙，慢慢地磨灭了人的斗志，时间久了人自然就废掉了。当你感觉累了、承受不住太大的压力了，可以选择适当地放松和休息，这样养精蓄锐，才能更有精力去工作去奋斗，但是不能一直选择安逸。

人一定要让自己充实起来忙碌起来，才能不虚度光阴。

有人经常感叹自己太穷、收入低，每天拿着死工资、钱不够花；还有人一边叫穷，一边又理所当然地安逸生活着，同时又羡慕别人开豪车、拿高薪，他们不知道高薪的背后要付出多少汗水。其实他们根本不穷，而是太安逸。安逸惯了，就没有信心去创新创业了。

年轻人都想选择舒适的工作，可结果却是很多人沉浸在安逸里，就像退休了一样，每天看电视、刷手机。看书学习，还是等明天再说吧。这样日复一日，年复一年，虽然过得很潇洒，但是整个人就这样废了。

如果你想拿高薪、拥有体面的生活，就不要让自己太安逸。过得太安逸，会让人丧失斗志。优秀的人不甘于整天过安逸的生活，永远都在追求自己的生活目标。

每个人的成功都不容易，如果想过着诗和远方的生活，那就要先自律，让自己忙碌起来。人活着总要做点事情，不要让自己太空闲、太安逸，忙碌的生活才能有滋有味。

人在年轻时，其实多吃点苦头没有什么不好。初入社会，没有经验、没有见识、没有本事，四处碰壁是家常便饭。俗话说，吃一堑长一智。每栽一个跟头，多流一次眼泪，就会多一份宝贵的经验。血气方刚的年纪，总会有不服气、不认输的那股狠劲儿，凡事都要多经历几遍，才能真正意识到自己能力的不足。年少轻狂，谁都有好奇心和好胜心，非常愿意挑战新鲜事物，即使失败了，也是愈挫愈勇。不要被困难吓倒，年轻时多吃苦，老了才会不受苦。不管你是谁，不管你的梦想是什么，只有带着淡然的心态，秉承吃苦耐劳的意志，做好当前的事情，才能实现自己的愿望。你走过的坎坷，会成为记忆里最美的风景；你流过的眼泪，会变成珍贵的宝石；你吃过的苦，也会成为照亮你人生路的灯塔。

　　年轻时不吃苦、不奋斗，没有为工作、事业、家庭打拼过，到了中年就会感到悲哀。20多岁正是年轻力壮、精神旺盛的时候，这个年龄一定要打拼，为以后创造和积累财富。可是，有的年轻人不去学习、不去读书，也不旅行、不过没试过的生活，整天低头玩着手机，不是逛淘宝、就是玩网游，年纪轻轻活得就像个小老头，那么你要青春干吗？你敢像别人一样大声地说"青春无悔"？

当看到比你优秀的人比你更努力，你还有什么理由选择安逸？当你想要放弃时，想想也许你距离成功只差最后一脚，再想想那些睡得比你晚、起得比你早、跑得比你卖力、天赋还比你高的人，他们早已在晨光中跑向那个你永远只能眺望的远方。

在你经历过风吹雨打之后，也许会伤痕累累，但是当雨后的第一缕阳光投射到你那苍白、憔悴的脸庞时，你应该欣喜若狂，应在苦了心志、劳了筋骨、饿了体肤之后毅然站立在前进的道路上，做着坚韧上进的自己。其实你现在在哪里，并不重要。只要你有一颗向上的心，你必定会找到那个属于你自己的方向。而这样的你，才最有魅力！

话题 3：

没有人能随随便便成功

　　每个人都想成功，但又有多少人真正成功？近年来，越来越多的人在宣传、炒作成功学，好像一个人必须得成功，不成为富豪就不能称其为人生。对一个国家一个社会来说，是需要成功者的，作为社会的精英，他们是社会进步与发展的火车头、领头雁。但我们要认清一个道理，少数的成功人士，是从数倍的平凡人中脱颖而出的。大多数人的成功，都付出了超乎常人的努力，经历过超乎常人的考验，还要有超乎常人的品德修养。因为，没有人能随随便便成功。

　　有人会认为我成功了，创办了自己的品牌，创建了自己的企业，还拥有许多社会头衔和令人羡慕的社会地位、名誉，可谓功成名就，是成功者的代表。但又有几人了解我为之付出的血汗、辛苦、努力、拼搏呢？我既无家世又无背景更无财富，我就是一个穷小子，但我有梦想有决心，勤劳、上进、诚实、守信，秉承着"诚信、利人、良知、善举"这一人生信念，通过自己的努力，白手起家，一路走到了今天。我不仅在生意中让利他人，更会扶贫济困、救助弱势群体，我以我的真心换人心，才会有今天大家对我的信任、认可和赞同。这一切的一切都不是凭空而来的，都是经过努力和付出换来的。其实，做好人、做善事也是需要"成本"的，这个"成本"不仅是经济的付出，更是爱心、善意、聪明、才智、良知、义举的体现。

有的人认为：我奋斗了，我努力了，我想成功，我也想取得成就，就像员工做好本职工作想得到提拔、教师尽好本分教书育人想晋职称、学雷锋做好事见义勇为的人想得到社会的认可和表彰……这都是人之常情、很正常的想法，但不要对成功有过多的期待，更不可急功近利，要懂得顺其自然、水到才能渠成。不是你以为的，就是达到了成功的标准。成功需要各种条件，只要有一个条件不具备，也不能成功。这就是常说的要天时、地利、人和。

现在很多人不懂这个道理，大学毕业工作两三年就开始急躁，希望赚更多的钱、希望当更大的领导、想出更大的名，总想走捷径，但成功哪有那么简单的啊？你没有付出十年几十年的汗水和辛苦，是养不出成就来的，有可能你付出了十年二十年的辛苦也不一定能取得成功。所以，做事情不要太着急。只有三分钟的热度，没有韧劲、没有耐性、没有坚持，根本不可能成功。

正是因为如此，导致一些年轻人失去了很多成长的机会，也致使他们更加迷茫与浮躁。做任何事情，一定要给自己时间，时间就是经验的积累，时间也是检验真理的唯一标准。有些人今天投资明天就想回报、今天上班明天就想升职、今天做生意明天就想挣钱……这都是不现实的。想成为成功人士，必须要经历坎坷和苦难，还要耐得住寂寞，做任何事情都不可能一帆风顺，调整好自己的心态很重要。

现在很多人认为，只有强大的事业、足够多的金钱、海量的粉丝才是成功，为了追求这所谓的成功，每天马不停蹄、疏忽了家人、忘记了健康，最后用生命换来的金钱却买不回来生命和健康，得不偿失、舍本逐末。难道自由不是一种成功吗？陪伴不是一种成功吗？健康不是一种成功吗？家庭和谐天伦之乐不是一种成功吗？这就看大家对成功标准的理解。

其实每个人的能力是有大小区别的，术业有专攻，不能事事平均。人的出身、环境、机遇、基因等很多方面都不相同，人生当然会有所不同。如果觉得自己不够优秀、不如别人，并不是我们不够努力，也不是我们不够聪明，或许是因为我们选错了行当，没把力量放在强项上，或许我们成功的种子还没有遇到合适的土壤。其实每个人都是优秀的，只要发挥自己的长处、优势，置心一处，就一定能出类拔萃，一定能绽放异彩。

人生的道路上我们既不能偷懒也不能强求，能扛一百斤却扛八十斤这是偷懒，能扛一百斤非扛二百斤，那是强求。人的一生中一定要积极地奋斗，你不奋斗，就不知道自己有多优秀；你不追求，就不知道自己有多大的潜力。只有努力过，才会不后悔。

想明白了这些，成功对于我们每个人来说就不再遥不可及。只要我们正确对待、积极进取、顺其自然，我们每个人都会成功！

话题4：

不要在鲜花掌声中迷失自我

　　雷锋在日记中曾经写下这样的话："斗争最艰苦的时候，也就是胜利即将来到的时候，也是最容易动摇的时候。因此，对每个人来说，这是个考验的关口。经得起考验，就会成了光荣的战士；经不起考验，就会成为可耻的逃兵。做光荣的战士，还是可耻的逃兵，那就要看你在困难前面有没有坚定不移的信念了。"虽然语境和我们现在讨论的话题不太相符，但蕴含的道理却是相同的。

　　全国民族团结进步模范先进个人、中国文明网入选中国好人榜、全国民族团结模范感动人物候选人、

"辽宁好人"、辽宁省学雷锋志愿服务"最美志愿者"、辽宁省宗教慈善活动先进个人、辽宁省党的理论宣讲活动最美讲师、辽宁省抗震救灾先进个人、辽宁省第二届青年创业奖、辽宁省十大和谐人物、辽宁省再就业明星、辽宁省民革社会服务工作先进个人、抚顺市第二届十大杰出青年企业家……我获得的荣誉太多了，我的证书奖状有厚厚的一大摞；我还被授予"庆祝中华人民共和国成立70周年"纪念章，受到过习近平总书记的接见，参加了在北京举行的中国"九三"抗战阅兵仪式；我参与了四川汶川大地震的抗震抢险，四川省委省政府授予我"四川恩人"的荣誉称号；我还作为多年的学雷锋典型到全国各地作报告，宣传雷锋精神，走进多个省直部门、大学校园演讲，越来越多的人知道我、了解我，给予我太多的荣誉、掌声和鲜花。每每于此，我都告诫自己：千万不要在荣誉面前、鲜花掌声之中迷失自我，忘记我的初心。我所做这一切不是为了功成名就，而是为了弘扬、传承雷锋精神，让更多人了解、笃信雷锋精神，影响更多人加入到学雷锋、做雷锋的队伍中来，这才是我的初心。

为了警醒自己不要沉迷于鲜花和掌声之中，我现在尽量不过多地宣传自己、不再接受媒体的采访报道，甚至推掉一些荣誉的申报和评选。近些年我婉拒了很多荣誉，但还是感谢社会对我的认可与肯定，有没有荣誉证书、有没有奖状，对我已经不重要，我要像雷锋那样，怀着一颗感恩的心，去服务人民、服务社会，有一分光出一分热。同时，做人一定要低调，要照顾别人的感受，更要时刻关注自己的内心变化和心理需求，防微杜渐，让自己的心始终保持纯洁、干净，不沾染丝毫功利色彩、不受虚荣的媚惑，做一个纯粹、博爱、平和的人。

之所以会有这么深刻的感悟，是因为我看到了反面而深刻的事例，给了我经受住鲜花掌声考验的坚定信念。有些人在取得一点成就后，就开始自以为是、目中无人，全然忘记了操守、底线、纪律、法律。所以说，我们一定要保持头脑清醒，在鲜花和掌声面前要谦卑，不仅时刻清醒知道自己是谁，还要清醒知道自己的本分；要知道自己仍然有缺点有不足，更要尊重同事、敬重领导，不以貌取人、不以权压人，在其位谋其政，多做实事好事。不要把官位当本事，即使再大的官也是暂时的，因为铁打的营盘流水的兵，所以不要把自己太当回事儿，却不把别人当回事儿。

　　虽然某些情况下名利也是催人奋进的动力，但不可过度迷恋。追名逐利是人的本性，但追不到也要平复自己的心境，这才是人生大智慧。古人说："枪打出头鸟""高处不胜寒"。不要让名利伤害到自己。正常的追求名利无可厚非，要知道适可而止、控制好度，不要过于执着、过于贪恋面子，要与名利保持适当的距离。名利是把双刃剑，用好了给你带来好处和利益，如果用不好也会伤及自己、身败名裂，有句话叫"举得越高，摔得越重""天狂必有雨，人狂必有祸"，就是这个道理，所以要理性看待名利，不要在鲜花和掌声中迷失了自我，要做到进退有度、把握人生、追求卓越、量力而行。因为，人生只不过如此而已。

话题 5:

做好人生每个阶段的必修课

　　如果你是一名学生，你当前的任务就是学习；如果你是一名老师，你应该尽到的本分就是教好你的学生，让你的学生成为人才；如果你是一个工人，那么你就做好自己分内的工作；如果你是一个领导干部，你就要忠于职守，在其位、谋其政，做一个合格的人民公仆……每个人在社会中拥有着不同的角色、应尽的义务和肩负的责任。但每个人在一生中的不同阶段，也应该明确自己的不同身份，做好人生每个阶段的必修课。孩子阶段，你的任务就是玩；长大一些，上学了，这个阶段你的任务就是学习，为未来的工作和事业储备文化知识、生活技能以及做人的道理；学成后步入社会，作为职场新人，你需要更多的是实践和经验，再往后，年轻的你在最好的年华、拥有最好的身体和精力、体力的时候，身强力壮、意气风发，奋斗是你不二的选择；到了尝尽世间冷暖的中年，有些"身不由己"会让你学会不强求、懂放弃，好好生活、拥有健康，才是当务之急；看遍人生百态之后，步入老年的人，要看淡一切、享受生活，不要逞强、不要"不服老"。不同的阶段，做好每一阶段的任务，学好每一阶段的必修课，这就是天道。不仅是人，世间万物，只有顺应天道，才会循环往复、轮回生长。

而在人生的各个阶段，我最看重的是一生中最美好的青年阶段，这个阶段是成事的阶段也是颓废的阶段，因为这一阶段的人，思想还未成熟，但身体强壮、精力旺盛，"有勇无谋"，对事物的看法还很迷惘、不够清晰，且容易冲动、盲从，一时心血来潮、不计后果；一旦受到失败挫折，就会一蹶不振，还会贪图安逸。年轻人就应该奋斗，爬坡过坎说明你在进步；一马平川、一路顺风下坡，是在提醒着你在走向人生的低谷。所以，在年轻的时候，千万不要选择安逸；即使身陷困境、头破血流，也千万不要放弃，因为你年轻，还有重新选择、从头再来的机会，即使犯错，年轻人也有改正的时间和资本。但是年轻人，凡事要学会缓一步、慢一些，三思而后行，不要太心急。有的年轻人特别急躁，特别想急功近利一蹴而就，刚步入社会就希望开创强大的事业，甚至希望一步登天，这都是人性的愚昧，更是白日做梦。人生最重要的智慧，是在合适的时间做合适的事情。人还未成熟的时候，先要学会积累。相信"人在做、天在看""头上三尺有神灵"，对世间万物保持敬畏，那样成功才会水到渠成、瓜熟蒂落。

等到你经过了十年二十年甚至更长时间的奋斗之后，无论成功还是失败，无论结果怎样，都要学会从容与淡定。即使努力奋斗过没有得到自己期待的结果，也不要灰心气馁，一定要淡然处之，只要自己不后悔、心安，那你的人生就不算白活，就没有白过。要知道，不是你努力了就会成功，成功需要许多条件才能达成。

人这辈子，就像是在万丈高山上爬行。你此刻爬到了山腰，可能会感觉到很累、压力很大，你负重前行，但你却一直在向着山顶前进。由于外部环境，你费力地爬到了山腰，却无端被推回到了山脚，你沮丧、你颓废、你失望、你消沉，但你还可以选择：是重新上路爬到山顶，还是就此沉陷不思进取，无论怎样的选择，你都要承受其带来的后果。不论怎样的路，既然是自己的选择，那么就算跪着爬着你也要走完。你也有可能很顺利、运气也很好，爬到了山腰下一刻就登临绝顶，沐浴"高处不胜寒"的荣光，可成功登顶的人毕竟是少数，多数的人都是身处谷底之中，或是正在半山腰努力地前行。

回不到无忧无虑的年少时，就踏实工作；得不到事事如意的大满贯时，就充实当下，无论哪个阶段，都要活在当下，活得有滋有味，倾己所有求真，人生必定有所收益。

用"变幻莫测"这个词来概括人生的百态特别准确、贴切而又形象。因为处于不同阶段的你永远不知道下一刻是高光时刻还是卑微时光，你永远不知道幸运和灾祸何时到来。可这一切，都是可以互相转换，正如老子所言：即"福兮祸之所倚，祸兮福之所伏。"你能够做的，就是在人生的不同阶段做好该做的事、做好你自己，以最佳状态和最饱满的热情接受未来的考验，从容应对，不负此生，不负自己。

后记　活着的意义

一

人生其实就两件事：生下来；活下去。在活下去的过程中，每个人都在努力地延长自己的生命，却忽略了拓展生命的宽度。固然生命的长度无限延长令人艳羡，可生命的宽度带来的生活质量、活着的价值与意义，更值得尊重。我们在活下去的过程中，承受着生命的重量更要注重生活的质量，要活得其所、实现人生价值，让生命变得有意义。

雷锋在日记中这样写道："如果你是一滴水，你是否滋润了一寸土地？如果你是一线阳光，你是否照亮了一分黑暗？如果你是一颗粮食，你是否哺育了有用的生命？如果你是一颗最小的螺丝钉，你是否永远地坚守着你生活的岗位？如果你要告诉我们什么思想，你是否在日夜宣扬那最美丽的理想？你既然活着，你又是否为未来的人类的生活付出你的劳动，使世界一天天变得更美丽？我想问你，为未来带来了什么？在生活的仓库里，我们不应该只是个无穷尽的支付者。"

雷锋，他说得多好啊！

人生过半，经历了许多事情之后，我也越来越有感触，经常反复不停地问我自己：人，活着为了什么？为了吃饱穿暖吗？那太低级。为了挣很多钱、当很大的官吗？为了获得物质上的满足和精神上的虚荣吗？那未免太过浅薄……我自问自答着，想要从中找到活着的意义。

我曾经问过一些年轻人，我问他们活着是为了什么，他们无一例外地告诉我：活着不就是要找个好工作，挣很多钱，吃得好穿得好，住别墅开豪车。我听了以后，不以为然。假如一个人活着就是为了温饱、繁衍后代，为了享受、为了物质优越，那么他存在的

意义与动物又有什么区别呢？人活着真的只为了这
些吗？

　　就在我不停地寻找着答案的时候，突然某一刻我
回望来路，在重温我所经历的和我所做过的事情之后，
在内心与雷锋无数次地"重逢"中，我找到了答案：
人活着，是为了得到社会的认同和认可，是要寻找和
实现自我价值。

　　雷锋曾在他的日记里写道："我们吃饭是为活着，
可活着不是为吃饭。""我觉得自己活着，就是为了使
别人过得更美好。"对此，我非常认同。我们身边经常
会有一些人，他们总在抱怨、一味索取，却从来不反
思对社会有什么贡献，对国家付出了什么，对自己的
家庭做出了哪些努力。

二

　　总有人在说自己活得累，但是谁活得不累？只有
死去的人才不会觉得累，我们觉得活着累这证明了我
们活着，活着就要活出精彩，活出自己应有的样子，
这样才能不负此生。

千人千般苦，苦苦不相同。有的人心里阳光明媚，有的人心中阴雨绵绵。没有阳光，自己活得累，也让别人不舒服。生活不容易，不要和自己较劲。风风雨雨、起起伏伏，不可能一直一帆风顺，有顺境就会有逆境，我们要调整好自己的心态，始终保持良好心态。我们每个人的快乐、烦恼和痛苦都不是因为事情的本身，而是我们看待问题的态度，就像弥尔顿说的："意识本身可以把地狱造就成天堂，也能把天堂折腾成地狱。"

感觉到苦、感觉到累，那才是人生的常态。而活得苦活得累是因为我们生活都是有目的性的，很少有人能够简单地为了自己而活。但人活着要有价值，每个人活着都要有意义。而自我价值的实现，是人生当中最为"高级"的一种任务。当你吃不饱穿不暖的时候，有人天天跟你谈理想，你觉得有说服力吗？你会相信他说的吗？只有温饱不愁，物质生活满足了，你才会萌生出精神的需求，还会随着物质生活的富足而逐渐增加。我们生活方式的改变，会影响到很多东西，这些也会随之而改变。

有人会说，追名逐利也是在实现人生的价值。我不否认，但我认为对于钱财和名利，我们要适可而止，要学会利用它而不是被它主宰，成为金钱和名利的奴隶。其实，金钱和名利只是我们实现人生价值的工具。钱财是好东西，没钱寸步难行，可挣钱一定要遵循天道。不能为了求财而违背天道，挣一些不义之财、昧心钱。名利能给人带来自信、带来优越感。追名逐利是人性，追名逐利也很刺激，但是追不到名逐不到利后的淡定从容才是人生最大的智慧。追名逐利，无可厚非，这个世界就是竞争的世界。但要凭真本事、正大光明地追，不能为了名利不择手段、急功近利、不达目的誓不罢休。通过努力和本事得到的钱财和名利，让我们成为有能力有作为的人。我们所拥有的金钱和名利，可以让我们在别人遇到困难的时候伸出援手，让我们在扶贫济困时有能力有资本。

人活着不能只为了温饱，除了物质上的富有，更要有精神上的丰盈。首先，你不要成为社会的负担、家庭的累赘，其次，你是否对你的家庭、对这个社会有所贡献。雷锋助人为乐，快乐自己的同时，也得到了自我的满足，自己有能力有资本去帮助别人、影响别人，得到别人乃至社会的认同，这就是自我价值的实现，这样的人生才有意义。

正因如此，无私为大私——真正无私的时候，得到的反而是最多。经常听到受助者说："感谢你的无私奉献。"其实，是他理解错了，我们做公益活动，其实拥有巨大的回报，但不是物质的。

三

人有被他人需求的需要。人之所以喜欢帮助别人，其实是为了满足自我的需求，是自我价值的体现。人活着的目的，应该是寻找和实现自己的人生价值，让自己能够发挥出最大的作用，在世界上发光发热，甚至是让一些事情因为自己的存在而发生改变。即使人的生命已经消逝，他的影响力仍然存在，并且发生着持续的影响。

雷锋告诉我们："人的生命是有限的，可是，为人民服务是无限的，我要把有限的生命，投入到无限的为人民服务之中去。"而为人民服务的过程中，雷锋得到的远比他所付出的还要多，那是金钱物质所无法比拟的。寻找与实现人生价值就像是攀登一座大山的过程，是历经痛苦之后获得快乐的畅快感受。

人活着是否有价值，不在于是否轰轰烈烈。我们都是普通人、平凡人，就像雷锋一样，平凡之中也蕴藏着伟大。人这一辈子无论多平凡，都要活得有意义。我们这一辈子要想成为建立丰功伟绩的杰出人物的可能性比较小，我们在一个平凡的岗位上奉献一生的可能性最大，无论我们活得多平凡，哪怕只是一个小小公务员，直到退休时都尽职尽责、快快乐乐，那这一辈子就非常有意义。优秀的人很多，但优秀的人不一定都有位置，只要你足够优秀，在平凡的岗位上同样可以做出成绩来，既能让自己活得安心，也能让我们平凡的生活变得有意义。

人活着要有价值，要做一个有担当的人，活出自己的价值。雷锋的生命是短暂的，但他生命的宽度是很多人都望尘莫及的。每个人都不要盲目、一味地追求生命的长度，而忽略了生命的宽度和厚度。"雁过留声，人过留名。"我们可能做不到伟人、做不成英雄，但我们平凡也会伟大，只要有价值。不要总是抱怨累、抱怨苦、抱怨忙，累、苦、忙，说明你还有动力有价值有奋斗的目标和方向。当你老了，干不动了吃不了苦了也有大把大把的时间了，那便是人生走下坡的时候了，即使夕阳再好，也是人生的尽头。当我们处于弥留之际，回忆我们一生的时候，我们想到的不仅仅是一些吃吃喝喝以及玩玩闹闹，而是自己对于身边的人、对于自己的家族，甚至是对于全人类留下的宝贵财富。

每个人对于快乐的定义都是不同的，有的人认为腰缠万贯就是快乐，有的人认为完成一件艺术品是快乐，有的人则认为写出好文章是快乐。其实怎样定义快乐并不重要，重要的是追求快乐的过程中，我们的心情以及感受。只要我们收获了那种快感，就可以说是取得了人生的意义。正如保尔·柯察金所说："人的一生，应当这样度过：每当他回首往事时，不会因为碌碌无为而悔恨，也不会因为虚度年华而羞耻。"

"但愿每次回忆，对生活都不感到负疚。"生命永远定格在22岁的雷锋都对生活抱有不辜负、不歉疚的态度，更何况我们这些走过少年、中年和老年，能够拥有圆满一生的人呢？不亏欠、不后悔，让自己的人生活出精彩、活出价值、活出意义。